## 《세일즈 스킬 Up, 5일 안에 판매왕 되기》에 대한 찬사

이 책에 소개된 5단계 과정은 내가 지금까지 접해온 세일즈를 위한 상호작용들 중에서도 성공 사례들과 매우 유사한 내용으로 구성되어 있다. 나는 린다가 제시하는 조언이 매우 실용적인 동시에 세일즈맨들이 일상적으로 활용할 수 있을 만한 내용이라고 생각한다. 세일즈맨들이 이 5단계 과정을 따른다면 자신이 몸담고 있는 회사 내에서 최고의 실적을 올릴 수 있을 것이다.

—말콤 리스, DHL 익스프레스의 영업부문 국제 총괄 책임자

당신이 마법의 양탄자 위에 올라앉기도 전에 어디를 가고 싶어 하는지 이미 알아차리는 여행 지니가 있다고 상상해보자. 린다 리처드슨의 《세일즈 스킬 Up, 5일 안에 판매왕 되기》는 머릿속에 당신만의 지니를 만들 수 있도록 도와준다. 모든 방문을 이끌어주고 고객에게 초점을 맞추도록 일깨우며 각 판촉 방문에서 최대의 성과를 얻을 수 있게 도와주는 그런 지니 말이다.

—켄 델리, 전국 기업체 이사 연합 CEO

세계 최고의 세일즈 달인인 린다가 아니면 그 누구도 《세일즈 스킬 Up, 5일 안에 판매왕 되기》라는 책을 이처럼 훌륭하게 저술하지는 못할 것이다. 여기 소개된 5단계와 린다가 알려주는 세일즈 과학의 비밀을 터득하고 나면 당신도 벌떡 일어나 고객을 찾아가 문을 두드리고 싶어질 것이다.

—펫 크로스, 동기부여에 관한 베스트셀러 작가이며 정기간행물 사업가

《세일즈 스킬 Up, 5일 안에 판매왕 되기》는 당신이 지닌 모든 것을 활용하고 의식을 고양하며 재능을 계발할 수 있게 해준다. 전율하게 만드는, 마법과도 같은 책이다.

—게르하르트 그슈반트너, 《셀링 파워》의 설립자이자 발행인

《세일즈 스킬 Up, 5일 안에 판매왕 되기》는 구체적인 내용들과 적용 가능하고도 유용하며 효과적인 원칙들을 소개한다.

—제임스 제이콥슨, 에코스타의 영업부문 부사장

린다 리처드슨이 저술한 다른 세일즈 관련 서적들은 성공적인 영업을 위한 모든 요소들을 완벽하게 다루고 있다. 이 책은 과녁의 한가운데, 즉 판촉 방문 그 자체를 겨냥하고 있다. 마치 커튼이 올라가고 조명이 집중되는 것 같은 순간, 오랜 시간 꼼꼼하게 준비했던 노력이 몇 배의 보상을 받을 수도 있고, 돌이킬 수 없이 무산될 수도 있는 그 순간을 다루는 것이다. 전문적으로 영업에 뛰어들 각오를 한 사람이라면 반드시 읽어야 할 책이다.

—마이클 케이, 클리어라이트 파트너스의 매니징 파트너

# 세일즈 스킬 Up
### 5일 안에 판매왕 되기

Perfect Selling
Copyright ⓒ 2008 by L. Richardson

Published by arrangement with The McGraw-Hill Companies, Inc.
All rights reserved.

Korean Translation Copyright ⓒ 2009 by Jihoon Publishing House
Korean edition is published by arrangement with The McGraw-Hill Companies,
Inc. through Imprima Korea Agency

이 책의 한국어판 저작권은 Imprima Korea Agency를 통해 The McGraw-Hill
Companies, Inc.와 독점 계약한 지훈출판사에 있습니다. 저작권법에 의해 한국 내에서
보호를 받는 저작물이므로 무단전재와 무단복제를 금합니다.

# 세일즈 스킬 Up
## 5일 안에 판매왕 되기

린다 리처드슨 지음, 박영수 옮김

"현자처럼 생각하되 범인처럼 말하라."

−아리스토텔레스

## 머리말

사람들은 강둑을 따라 걷기를 좋아한다. 걷다 보면 이따금 누군가가 호젓하게 노를 저으며 고요한 수면을 가르는 모습을 볼 수 있다. 사람과 배가 혼연일체가 된다. 노를 젓는 사람들의 말로는 단 한 번 완벽하게 노를 젓는 경험을 하는 데 평생이 걸린다고 한다.

사회생활을 하는 동안 얼마나 많은 판촉 방문을 했는지 생각해보자. 그 중에서 모든 것이 완벽했던 경우 하나를 꼽을 수 있는가? 그 하나를 떠올릴 수 없다면 당신의 세일즈 경력은 아직 충분하지 않은 것이다. 아니면 회사가 당신에게 충분한 교육과 훈련의 기회를 제공하지 못한 것일 수도 있다.

린다 리처드슨과 비슷하게 나 또한 세일즈 분야에 30년이 넘도록 몸담아왔다. 나는 유럽과 미국에서 1만여 명 이상의 세일즈맨들을 교육했고 이 분야에 관해 18권의 책을 저술했다. 세일즈맨으로서 맛볼 수 있는 가장 가슴 벅찬 경험도 해보았다. 그런데, 제대로 하기만 하면 세일즈라는 것이 얼마든지 쉽고 편안하게 이루어질 수 있다는 사실이 떠오를 때면 지금도 새삼 놀라울 따름이다. 어떻게 하면 그렇게 쉬워지느냐고? 린다의 책이 그 길을 안내할 것이다.

메리 케이 애시(Mary Kay Ash)는 이렇게 말했다. "대부분의 사람들은 미처 자신의 음악을 연주해보기도 전에 세상을 떠난다." 나는 우리 모두가 하나의 악기를 지닌 채 태어난다고 믿는다. 그것은 피아노일 수도 있고 어떤 이들에게는 드럼일 수도 있으며 또는 클라리넷일 수도 있다. 자신에게 가장 적합한 악기를 찾아내고 다른 누구보다도 능숙하게 연주하는 방법을 터득하는 일은 우리 스스로가 해야 할 몫이다.

많은 이들이 "세일즈맨 기질은 타고나는 건가요, 아니면 만들어지는 건가요?"라고 묻곤 한다. 이런 것은 부질없는 질문이다. 사람은 모두 세상에 태어나 다양한 영향력을 받으며 성장하고 바로 지금 이 순간 우리의 모습으로 만들어졌다. 그보다 좀 더 그럴싸한 질문을 한다면 이런 것이 아닐까. "내가 타고난 재능을 활용해서 내가 속한 분야의 최고가 될 수 있는 방법은 무엇인가?"

재능은 조금 부족하더라도 최고가 되겠다는 열망을 품고 있는 사람은 재능은 많지만 열의가 없는 사람에 비해 성공을 거둘 가능성이 훨씬 더 크다. 많은 사람들은 "내가 재능을 조금만 더 타고났어도 더 열심히 갈고닦았을 텐데."라고 말한다. 메리 케이는 바로 이런 사람들에 관해 언급한 것이다. 즉, 이런 사람들은 자신의 음악을 미처 연주해보기도 전에 죽을 것이다.

노 젓는 사람으로 돌아가보자. 물속에서 노 하나만 가지고 배를 저어 나갈 수는 없다. 한쪽 노는 끊임없는 훈련을 통해 계발해 나가는 당신의 재능이고 다른 한쪽의 노는 인간으로서의 당신 자신이다. 세일즈에서 성공을 거두려면 두 개의 노가 잘 맞물려 움직이면서 앞으로 나아가야 한다.

《세일즈 스킬 Up, 5일 안에 판매왕 되기》는 당신이 지닌 모든 것을 활용하는 방법에 관한 책이다. 이 책은 당신이 판촉 방문을 할 때 지니는 의식을 고취시킬 것이다. 또 당신의 재능이 계발되도록 해주며 새로운 고객을 발굴하고 그 관계를 돈독하게 만드는 방법을 알려줄 것이다. 이 정도면 완벽하다. 이것이야말로 마법이며 가슴 벅찬 일이다.

— 게르하르트 그슈반트너, 《셀링 파워》설립자, 발행인

## 소개글

2006년 7월, 린다는 내게 '리처드슨'의 사장 겸 CEO 직을 맡아달라고 제의했고 나는 감사한 마음으로 수락했다. 나는 이 회사와 함께 성장했고 우리의 사업에 열의를 품고 있었다. 나는 1992년에 CFO로서 리처드슨에 합류했고 10년 이상 그 직무를 감당했으며 고객 관계 책임을 담당하는 전무이사가 되었다. 그 일을 새로이 맡게 되면서 린다를 만났을 때 그녀가 내게 해준 말이 기억난다. 내가 타고난 재능과 탄탄한 기술적 배경, 확고한 전략적 감각, 경험, 추진력, 그리고 진정한 '호감'을 이끌어내는 측면까지, 모든 것을 갖추었다는 말이었다. 그러면서 그녀는 자기와 함께 최종적인 필수 요소인 현장 판촉 방문 업무를 통달해보자고 나에게 제안했다.

나는 자존심이 상했다. 리처드슨에 오기 전에 나는 10년 이상을 공인회계사로 일했다. 그 긴 세월 동안 내가 무슨 일을 해 왔는지 생각이나 해보았나 싶은 생각이 들었다. 게다가, 그건 그렇다 치고라도 리처드슨에서 14년간 내가 한 일에 대해서는 일언반구도 언급하지 않았으니 말이다. 내가 별다른 호응을 하지 않는다는 사실을 눈치 챈 린다는 그냥 이야기를 얼버무리고 말았다.

고객들과 처음 만나기 시작했을 때 나는 그럭저럭 진행할 수는 있었지만 기대했던 만큼의 성과는 올리지 못했다. 그제야 나는 깨달았다. 타고난 재능이나 경험만 가지고는 성공을 거두기에 충분치 않다는 사실을 알게 된 것이다. 리처드슨에서는 피드백이 하나의 생활방식으로 자리 잡고 있으므로, 나는 나를 담당하는 '코치'를 찾아갔다. 린다와 나는 내가 착수하고 있던 커다란 계약 기회에 초점을 맞추었다. 나는 이미 고객에 관해, 그리고 그와 관련된 업계에 관해 준비작업을 마친 상태였다. 그러나 내가 생각해도 우리가 제안하는 내용은 그다지 끌리지가 않았다. 그래서 며칠에 걸쳐 판촉 방문의 구조를 이해하는 데 노력을 기울이는 한편 동시에 당면한 큰 건수에 대해 준비했다. 지금 돌이켜보면 가장 힘난한 장애물은 방문 시에 어떤 행동을 해야 되는지를 이해하는 일이 아니었다. 사실 가장 힘들었던 것은 지금까지 내가 그토록 경험을 쌓았음에도 여전히 배울 것이 너무나 많다는 사실을 깨닫는 '각성'의 시간이었다.

 판촉 방문을 하는 날이 다가왔을 때 나는 그동안 준비한 것들을 지도처럼 배열해놓았다. 나는 한 번도 가본 적이 없는 길을 갈 준비를 마쳤다. 방문이 이루어지는 동안 나는 마치 영화를 감독

하고 있는 듯한 기분이 들었다. 사실 나는 내 스스로를 코치하고 있었다. 나는 내가 도달하고자 하는 곳이 어딘지를 알고 있었고, 또 거기에 이르렀다. 그때의 방문은 우리 회사 30년의 역사 속에서 그야말로 역사적인 계약이 성사되는 결과를 낳았다.

  내가 신념을 가진 사람이냐고 묻는다면 나는 분명 그렇다고 말할 수 있다. 하지만 그보다 더 중요한 것은 린다가 깨달았던 것처럼 나 역시 사람은 누구나 재능을 타고나며 그것을 고객을 만나는 자리에서도 발휘한다는 사실을 깨달았던 것이다. 나는 또한 그런 재능을 갈고닦을 가치가 있다는 사실도 깨달았다. 이 책은 판촉 방문을 완벽하게 해낼 수 있는 길을 알려준다. 모든 페이지, 각각의 가르침이 탁월한 세일즈 성과로 향하는 지름길이 된다. 무엇보다 좋은 점은 자각과 자신감을 얻을 수 있다는 것이다. 이 책을 읽고 나면 당신은 스스로를 코치할 수 있을 것이며 또한 끊임없이 새로운 깨달음을 얻을 것이다.

 데이비드 디스테파노

## 차례

머리말 7
소개글 11
왜 이 책을 읽어야 하는가 19

### 1단계 접촉 33

행동 1 : 좋은 인상과 강력한 라포르를 형성한다  40
행동 2 : 준비된 내용으로 화제를 전환한다  53
행동 3 : 양쪽의 목적을 확인하고 점검한다  56
행동 4 : 고객의 니즈를 탐색한다  61

### 2단계 탐색 73

행동 1 : 최상의 첫 질문은 목적 질문이다  86
행동 2 : 현재 상황에 대해 질문한다  92
행동 3 : 기술적인 관련 질문을 한다  94
행동 4 : 장래의 니즈와 사적인 니즈에 관해 질문한다  95

**3단계** **유인** 115

행동 1 : 당신이 가진 해결책을 제시한다 121
행동 2 : 당신이 가진 해결책을 고객에게 맞추어 설명한다 126
행동 3 : 요약하고 점검한다 130

**4단계** **해결** 139

행동 1 : 수긍한다 146
행동 2 : 반대의사를 줄여 나갈 수 있도록 질문한다 148
행동 3 : 당신의 대응책을 제시한다 153
행동 4 : 피드백을 요청한다 155

**5단계** **실행** 165

행동 1 : 고객에게 기대하는 행동이 무엇인지 파악한다 173
행동 2 : 방문이 진행되는 내내 피드백을 요청한다 175
행동 3 : 계약을 요청하거나 다음 단계를 확실하게 정한다 178

**철저하면서도 신속하게 준비할 수 있는 다섯 가지 단계** 185
**각자의 계획** 201

# 왜 이 책을 읽어야 하는가?

　국제적 규모의 세일즈 조직을 25년 이상 이끌어 나가면서, 또 수만 명에 이르는 세일즈맨들을 훈련하고 코치하는 보람 있는 일을 해오면서 나는 세계 최고의 세일즈맨들이 자신의 두뇌와 열정을 일 속에 쏟아 붓는 모습을 목격해왔다. 나는 또한 많은 세일즈맨들로 하여금 '완벽한' 세일즈를 수행하지 못하게 방해하는 요인이 무엇인지도 보아왔다. 세일즈맨들이 고객을 만나는 자리에서 일어서 나가면서 자신이 '완벽한 방문'을 해냈다는 생각을 할 수 있으려면 어떻게 해야 하는가를 이해하기 위한 수십 년간의 노력이 응집된 결정체가 바로 이 책이다. 그저 흠잡을 데 없는 만남이 아니라, 고객과의 교감이 이루어지고 일을 확보했다는 확신을 가질 수 있는 방문 말이다.
　이 책은 예외적인 사례가 아니라 하나의 규범이라 할 수 있다.

자신이 이룰 수 있는 최고의 수준을 추구하는 전문 세일즈맨들을 위한 규범 말이다.

"결국 세일즈가 성사되는 결정적인 순간에는 세일즈맨과 고객이 있을 뿐이다."

–존 리드, 전직 시티은행 회장

세일즈맨으로 성공하기 위해서는 재능과 노력이 겸비되어야 한다는 사실은 누구나 알고 있다. 오늘날 세일즈 분야에서 성공을 거두기 위해서는 마케팅, 세일즈 전략, 준비, 기술적인 전문성, 업무 지식, 최신 기술 동향 파악, 정확한 정보에의 신속한 접근, 추진력은 물론 팀원들을 동원해서 다양한 수단을 발휘할 수 있는 능력까지, 이 모든 것들이 빠짐없이 핵심적인 요소로 작용한다는 사실에는 의심의 여지가 없다. 하지만 세일즈 실적을 향상시키는 데 있어 고객을 만나는 '바로 그 순간' 당신과 고객 사이에서 벌어지는 상황들을 개선하는 일보다 더 강력하고도 빠른 효과를 내는 방법은 없다는 것이 내 생각이다.

할 말을 다 하고 할 일을 다 한 뒤에 그 일을 놓쳤든 혹은 성사시켰든지에 상관없이 판촉 방문에서 벌어지는 모든 일은 중요한 의미를 지닌다.

고객과의 대화에 당신이 할애하는 시간의 질적인 수준이 어떤지에 따라서 거래는 성사되거나 무산될 수 있다. 이 순간이야말로 당신의 지식과 경험, 사전 준비사항과 동원 가능한 수단, 업무적인 기지, 그리고 세일즈 전략 등 모든 것이 거래를 성사시키기 위해 총동원되는 시간인 것이다.

판촉 방문 동안 이루어지는 대화는 그저 일반적인 잡담과는 다르다. 일반적인 잡담과 세일즈 대화의 차이점은 잡담이 더욱 일상적이라는 것이다. 잡담은 실제로도 그렇지만 좀 더 정처 없이 흘러가기 마련이다. 하지만 세일즈 대화는 방향성이 있어야 한다. 또한 세일즈에서 성공을 거두려면 그 방향을 이끌어 나갈 수 있어야 한다.

판촉 방문 시간은 매우 소중하다. 고객을 만나는 동안 당신은 그 시간을 어떻게 활용할 것인지 선택할 수 있다. 방문하는 동안 어떤 말과 행동을 할 것인지 좌우할 수 있는 계획을 명확하게 세울 수도 있고 그저 상황이나 분위기에 따라 저절로 흘러가도록 둘 수도 있다. 사실상 그 둘 사이에 중간적인 상황은 없다. 당신이 만남의 분위기를 주도하거나 그 상황의 분위기에 휘둘리거나 둘 중 하나이다. 그렇다고 당신이 만남을 마음대로 좌지우지한다는 뜻은 아니다. 또한 상황이나 분위기에 전혀 신경 쓰지 말라는 이야기도 아니다. 고객과 당신 사이의 대화는 자연스럽고도 유연하게 흘러갈 수도 있지만 동시에 계획되고 제어될 수도 있다는 뜻이다. 당신이 방향을 제대로 잡아서 주도해 나갈 수만 있다면 어느 정도는 자연스러운 흐름에 대화를 맡겨도 괜찮다.

## 다섯 가지 단계

고객을 만나기 위해 찾아가는 동안 아드레날린 수치가 올라가고 어느 정도 긴장감이 드는 것은 자연스러운 일이다. 세일즈를 위한 만남이 시작되면 당신은 두 가지 일을 해야 하는데, 그것은 만남의 흐름을 주도하는 일과 대화에 몰입하는 일이다. 나는 세일즈맨들이 이 두 가지를 위해 애쓰는 모습을 지켜봐왔다. 그리고 대부분의 세일즈맨들이 고객을 만나는 동안 분위기 주도와 대화에의 몰입이라는 이 두 가지를 동시에 하느라 너무나 힘겨워하는 모습을 보았다.

아리스토텔레스는 "현자처럼 생각하되 범인처럼 말하라."고 말했다. 생각하기와 말하기를 따로 분리한 것이다. 어떤 의미에서 보면 바로 그것이 내가 이 책에서 구현하고자 한 바이다. 생각하기와 말하기가 서로 영향을 미친다는 사실을 깨닫고서 나는 방문의 방향과 방문에서의 대화를 분리했다. 그 중 방향에 초점을 맞추어서 판촉 방문의 각 부분을 다섯 단계로 나누었다. 이 5단계를 제2의 천성이라 할 수 있을 정도로 몸에 배게 한다면 판촉 방문의 대화에서 매 순간을 최대한 능숙하게 활용할 수 있을 것이다. 이 단계들이 어떻게 진행되는지 굳이 의식적으로 이해하려 들 필요 없이 그저 모든 에너지를 한 군데로 모아 고객의 말을 경청하고 최대한 설득력 있게 대답하면 된다.

이때의 5단계는 판촉 방문이라는 풍경을 그려놓은 지형도와 같은 역할을 한다. 그 땅의 지층을 이해하면 당신이 원하는 대화의 방향이 무엇인지 확실하게 파악할 수 있고, 그곳으로 가기 위한 대화에 전력투구할 수 있다.

대부분의 세일즈맨들은 장황하게 떠벌린다. 자기 회사의 제품은 경쟁력이 있다거나 자기 회사는 업계에서 타의 추종을 불허한다거나 하는 식이다. 그들이 세일즈 일을 하는 이유 중 큰 부분은 아마도 조종석에 앉아서 문제를 해결하는 역할을 즐기기 때문일 것이다. 그들은 딱 부러지는 성격이다. 생김새도 그럴싸하다. 그들은 또한 서로 겨루어 이기고 싶어 하며, 자기 회사의 제품에 대해서도 잘 알고 있다.

이처럼 탄탄한 기술 지식으로 무장하고 완벽한 준비를 갖춘 세일즈맨일지라도 나무에서 떨어질 때가 있다. 재능 있고 유능한 세일즈맨들 중에는 실제 자신의 능력보다 낮은 성과를 올리는 사람이 많다. 이런 경우 결정적으로 차이를 만들어내는 것은 판촉 방문에 관련된 지식이다. 세일즈맨들은 판촉 방문에 대부분의 시간을 할애하면서도 그 속에서 작용하는 원리를 이해하지 못하는 경우가 허다하다.

꾸준하게 최고의 실적을 거둔 사람들을 관찰해오면서 내가 발견한 사실은 그들이 판촉 방문이라는 영토에 관해 제대로 파악하고 있다는 점이다. 사실 세일즈의 달인들은 판촉 방문의 구조에 관해 정통한 지식을 가지고 있는데, 그 지식이란 의식적인 차원의 지식뿐만 아니라 무의식적인 차원의 지식까지도 포함된다.

그들은 매 순간 자신이 처한 상황을 깨닫고 있고, 어디로 가려는지도 알고 있으며, 자신이 이루고자 하는 바가 뭔지도 안다.

이들이 고객을 만날 때 나누는 대화에서 그 기저에 깔려 있는 구조를 들여다보면 일관성이 있다는 걸 알 수 있다. 그들은 나름대로 일정한 절차와 계획을 가지고 있으며 일목요연하게 그것을 따른다. 일부러 그 절차와 계획을 피해 가는 경우만 아니라면 거의 예외가 없다.

"지금껏 있었던 그 어떤 것보다 가장 훌륭한 장난감이다."

-찰리 채플린(자신의 관자놀이를 가리키며 한 말)

"G.P.S."

5단계를 이해하는 것은 마치 머릿속에 내비게이션 장치가 들어 있는 것처럼 판촉 방문을 하는 동안 쉬지 않고 올바른 방향을 제시해준다. G.P.S. 시스템의 작동은 정말 대단하지만 인간의 마음이 발휘하는 능력에 비하면 하잘것없다.

G.P.S.를 가지고 있다고 해서 자동항법장치가 작동되기라도 하는 듯 행동해서는 안 된다. 당신은 크루즈 컨트롤(cruise control, 순항 속도 조절-옮긴이)을 켠 것도 아니다. 당신이 직접 운전(말)을 해야 한다. 하지만 올바른 방향이 제시되므로 길을 잃을 염려가 없으며 원하는 목적지에 도달할 수 있다는 말이다. 아무리 성능 좋은 G.P.S.라도 상황에 따라서는 최종 목적지에 다다르기 위해 지나가는 경로를 변경할 수도 있다. 또한 언제든지 다른 요소들을 고려하여 그 장치는 무시한 채 다른 대안을 선택할 수도 있는 것이다.

방향이 정해지면 실행은 당신에게 달려 있다. 인간의 신체를 생각해보면 우리가 넘어지지 않을 수 있는 이유는 각기 제 위치에 자리 잡고 있는 복잡한 균형 시스템 덕분이다. 각각의 관절에는 필요한 감각 정보를 수용하고 또 그 내용을 정정하는 말초신경이 있는데, 이 모든 작용은 당신이 지각하지 못하는 어떤 레이더의 통제로 이루어진다. 이와 마찬가지로 판촉 방문에 관해 육

감적으로 정통할 수 있다면 꾸준하게 실적을 올릴 수 있을 것이다. 방문을 하는 동안 당신은 스스로 코치 역할을 해야 한다. 내가 세미나 등에서, 또는 주위에서 수만 명의 세일즈맨들을 코치해본 결과, 그 중 많은 사람들이 자신이 판촉 방문을 할 때 내가 그들 곁에서 올바른 방향에서 벗어나지 않게 인도해주면 좋겠다고 말하곤 했다. 여기 소개하는 5단계를 활용하면 당신 스스로가 그런 코치 역할을 할 수 있다. 5단계를 모두 체득하고 나면 당신의 머릿속에서 들리는 말소리가 당신이 고객과 나누는 대화의 방향을 인도해줄 것이다.

나는 매우 다양한 부류의 세일즈맨들을 접해보았다. 인기 있는 세일즈 왕부터 시작해 상사에게서 열외 취급을 당하는 세일즈맨까지 각양각색이었다. 하지만 명석함과 절차, 추진력이라는 삼박자를 고루 갖추고도 성공하지 못하는 경우는 드물었다. 이 모든 요소를 갖추고도 일을 망치는 세일즈맨은 극히 적다. 내가 수십 년간 경험한 바로는 대다수의 세일즈맨이 이 책을 규칙으로 삼을 수 있다는 것이며, 거기에 예외는 없다. 하지만 판촉 방문의 각 단계별 세부사항은 알아야 할 것이다.

## 판촉 방문의 5단계

- 접촉
- 탐색
- 유인
- 해결
- 실행

　여기 소개한 단계들 혹은 이와 비슷한 것을 본 듯한 느낌이 들지도 모른다. 안타깝게도 중요한 것은 이런 것들을 들어보았느냐 아니냐가 아니다. 중요한 것은 당신이 이 단계들을 얼마나 능수능란하게 실행에 옮기느냐이다. 세상에는 훌륭한 세일즈맨들이 수없이 많다. 또 특히 뛰어난 세일즈맨들도 적지 않다. 하지만 월등한 세일즈맨은 드물다. 많은 세일즈맨들이 모범적인 방문 사례에 관한 이야기를 공유하지만 '완벽한' 방문에 관한 사례는 충분하지 않은 편이다. 완벽한 방문이란 끊임없이 고객에게 접촉하여 일을 성사시키는 경우이다.
　당신이 머릿속에 기술적인 지식을 담고 있는 것과 마찬가지로 고객의 사무실로 찾아갈 때나 고객과 전화 통화를 할 때 이 5단계를 본능적으로 떠올리면 당신이 원하는 방향으로 대화의 분위기를 이끌어 나갈 정보를 얻을 수 있을 것이다.

　이제 방문의 각 단계를 공개했으니 고객과 함께하는 매 순간을 최대한 활용할 방법이 분명해졌다. 처음에는 좀 기계적으로 느껴질 수도 있고, 사실 그런 면도 있다. 하지만 좀 더 중요한 측면에서는 그렇게 기계적이지 않다. 이 책은 요리 레시피를 적어 놓은 책이 아니다. 연기 대본도 아니다. 이 책은 유형에 관한 것이지 공식에 관한 것이 아니다. 그 차이는 어마어마하다. 유형이라는 것은 당신이 만남을 주도해 나갈 수 있는 방식을 제시하는 것이므로, 구체적인 대화 내용은 원하는 대로 자유로이 구사할 수 있다. 판촉 방문에서는 어떤 방향으로 진행할지, 또 다음에는 무슨 말을 할지를 재빨리 판단해야 하며 때로는 긴박한 상황이 될 때도 있다. 여기에서 핵심은 현명하면서도 신속하게 판단을 내릴 수 있는 능력이다. 고객이 낙차 큰 커브를 던지더라도 당신은 탄탄한 땅 위에 버티고 서 있으므로 그 공을 받을 수 있다. 여기에 소개한 단계들은 상황에 즉각적으로 대처한 다음 평정을 잃지 않고 자제심을 유지하는 상태로 돌아올 수 있는 밑받침이 되어줄 것이다.

## 이 책을 활용하는 방법

앨버트 아인슈타인은 "모든 것은 가능한 한 간단하게 만들어져야 하지만 지나치게 간단해서도 안 된다."라는 말을 한 적이 있다. 나는 이 책에서 그것을 실천하고자 했다. 이 5단계는 이해하기 쉽고 간단하다. 각 단계 안에는 당신이 실행에 옮길 수 있는 서너 가지 행동들이 포함되어 있다. 반드시 매번 해야 되는 것은 아니지만 대개의 경우 하는 것이 좋다. 이 행동들은 정말이지 어떤 수련 절차와도 같은 것이다. '행진 대열'과 같이 엄격하게 순서가 정해져 있다는 의미가 아니라 수련이라는 말의 참뜻 그대로, 습득한다는 의미이다. 세일즈맨들 중에는 이런 수련 과정을 생전에 미리 거치고 태어나기라도 한 것처럼 능수능란한 사람도 있다. 하지만 대부분은 그 일을 하다 보면 익숙해지고, 또 나아가 월등한 수준에 도달할 수도 있는 것이다. 이 책이 편안하게 다가가는 측면은 각 단계와 실행방법들을 인지적인 차원에서 습득할 수 있다는 사실이다. 그리고 원리적으로도 이렇게 하는 것이 우선이다. 20분 정도만 투자하면 5단계의 각 부분을 체득해서 온전히 자신의 것으로 만들 수 있으며 필요에 맞게 적용할 수 있다.

나는 5일 프로그램을 추천한다. 하루 또는 한 주에 한 단계씩, 월요일부터 금요일까지 죽 연결해서 당신이 가지고 있는 세일즈에 관한 전문지식과 나름대로의 요령을 바탕으로 훈련하는 것이다. 다음 단계로 넘어가기 전에 하나의 단계에만 집중하다 보면 단순한 이해의 차원을 넘어 실행의 차원으로 넘어갈 수 있고, 또 점진적으로 한 번에 한 단계씩 성장할 때마다 그 효과는 기하급수적으로 커진다는 사실을 경험할 것이다. 일단 한 단계를 습득하고 나면 실제로 몇 번의 방문에서 그 내용을 적용해보자. 그런 식으로 그날의 일을 검토하면 다음 단계로 넘어갈 시기가 언제인지 깨달을 수 있다. 물론 당신 스스로의 계획에 따라 실행하면 된다. 필요에 따라서는 언제 어디에서든 이 책을 손에서 놓아도 괜찮다.

여기에 더불어 약식계획표와 약식보고서를 첨부하였다. 방문을 준비하고 자신의 수완을 점검해보고 일상적으로 스스로를 코치할 때 이 단계들을 더욱 확고하게 체화할 수 있는 도구로서 제시한 것이다. 이 책 전체에 소개되어 있는 도구들을 인터넷에서 찾아보려면 http://www.richardson.com/Resource-Center/ Perpect-Selling-Tools/로 들어가서 사용자명 : perfectseller 비밀번호 : Richardson을 입력하면 된다.

우리 회사에 새로 들어오는 세일즈 사원에게 내가 가장 바라 마지않는 것은 그들이 나에게 "이건 너무 쉽잖아요."라고 말하는 날이 오는 것이다. 그들이 매일매일 열심히 일하지 않는다거나 까다로운 고객에게는 세일즈를 하지 않거나 혹은 매 건마다 유력한 경쟁사에 대응하지 않는 상황을 원한다는 뜻이 아니다. 내 말은 그들이 이 책을 이해하고 또 일을 성사시키는 데 그것을 활용한다는 뜻이다. 당신도 그렇게 할 수 있다.

나는 인기 있는 세일즈 왕은 타고나는 것이 아니라 만들어진다는 사실을 직접 눈으로 확인했다. 물론 이기기 위해서는 어떻게 해야 되는지 직관적으로 깨닫는 타고난 사람들도 있다. 하지만 대부분의 사람들은 우리가 가는 곳을 찾기 위해서는 지도를 이용하여 도움을 받아야 한다.

당신이 최고의 세일즈 실적을 올리는 것을 목표로 삼고 있다면, 또한 고객과 헤어지면서 의기양양하게 '완벽한 만남'이었다는 확신을 느껴보고 싶다면, 혹은 더 많은 일을 성사시키거나 고객과의 관계를 더욱 굳건히 하고 싶다면 판촉 방문에 관한 달인이 되어야 한다.

자, 그럼 첫 번째 단계로 넘어가자.

## 1단계
# 접촉

"대화를 통해 관계를 발전시키고 변화시킬 수 있다."

— 로버트 맥키, 수상 경력이 있는 시나리오 작가, 교사

당신이 가장 최근에 했던 판촉 방문에 관하여 생각해보라. 그 방문을 어떤 식으로 시작할 것인지에 대해 사전에 얼마만큼 심사숙고했는가? 아마도 그다지 주의를 기울이지 않았을 것이다. 당신은 아마도 그 방문 이후에 이루어질 실질적인 업무에 더 초점을 맞추고 있었을 것이다. 일단 안면을 트는 오프닝 단계 이후에 일어날 일들에 관해서 말이다.

하지만 실은 오프닝 단계 자체가 진정한 의미의 업무라고 할 수 있다. 바로 그 단계가 방문 전체 중에서 가장 인간적인 부분일 수도 있고 또 가장 개인적인 부분일 수도 있다. 어쩌면 가장 어색하고 불편한 부분이 될 수도 있고, 반면에 가장 소중하고 즐거운 부분이 될 수도 있다. 그리고 이러한 여러 가지가 동시에 느껴질 수도 있다. 어쨌거나 오프닝은 언제나 무언가를 말해준다. 오프

닝 과정을 통해 당신의 고객이

    당신의 스타일과
    당신의 전문가 기질
    당신이 얼마나 준비된 태도를 갖추었는지
    당신은 누구인지

등을 판단하면서 당신을 들여다볼 수도 있다. 또한 주의를 기울이기만 하면 오프닝을 당신이 고객을 잘 파악할 수 있는 기회로 삼을 수도 있다. 그리고 오프닝을 통해 그 다음에 이어지는 단계로의 연결고리를 만들 수 있다.

## 오프닝을 위해 할 일은 많고 시간은 없다

당신은 판촉 방문을 시작할 때 어떤 방식으로 만남을 시작할지 분명한 확신을 가지고 임하는가? 그러려면 정말 고려할 부분이 많다. 게다가 그 모든 것들을 재빨리 처리해야 한다. 여기서 재빨리 처리한다는 말은 방문을 대충 해치운다는 말이 아니다. 추후의 진행 과정을 최적화할 수 있는 길을 아주 분명하게 계획

한다는 뜻이다.

이 단계는 라포르(rapport, 주로 두 사람 사이의 상호 신뢰 관계를 나타내는 심리학 용어로서 서로 마음이 통한다는 정도의 관계를 뜻한다―옮긴이)를 형성함으로써 상대방과 관계를 맺는 시기이다. 방문의 내용을 미리 검토하고 강도를 조절하며 고객의 마음을 읽거나 반대로 고객이 당신의 마음을 읽는 단계이다. 이 시간을 어떻게 활용하느냐에 따라 당신에 관한 메시지와 나머지 방문 시간 동안 고객이 기대할 수 있는 것이 무엇인지에 관한 메시지를 명확하게 전달할 수 있다.

안타깝게도 대다수의 세일즈맨들은 전혀 두서없이 이 오프닝을(그리고 판촉 대화의 나머지 부분들까지도) 그냥 지나쳐버린다. 그들은 개시 단계를 별개의 과정으로 간주하여 마무리 지어버리지만 그와는 대조적으로 판촉 방문이 가능한 한 최적의 조건에서 시작되도록 하기 위해서 매우 중요한 몇 가지 역할을 오프닝에서 해낼 수도 있다.

할 일은 많은데 시간은 충분하지 않기 때문에, 무엇을 해야 할지를 명확하게 알수록 더 나은 결과를 얻을 수 있다. 오프닝 단계에서 당신이 이루고자 하는 것이 무엇인지 분명하게 알기만 한다면 그것을 해내기 위한 대화가 훨씬 더 순조롭게 흘러갈 것이다.

### 방문이 시작되면 조종석에 앉는다

　방문의 첫 단계는 접촉이다. 이것은 네 가지 행동으로 이루어진다. 각 행동은 당신이 따라야 할 하나의 방법이다. 이는 하나의 행동과 그 행동에 대해 고객이 보여주는 반응으로 이루어진다. 예를 들어 당신이 고객에게 인사를 하면 고객이 당신에게 인사를 하는 것이다. 이 네 가지 행동은 1단계에서 단 몇 분 만에 모두 끝낼 수도 있다. 여기에는 라포르를 형성하기 위한 시간은 포함되지 않았는데, 이에 따라 소요되는 시간이 크게 달라질 수 있다.

　거쳐야 할 과정이 너무 복잡하다고 생각될지도 모르겠다. 하지만 실제 방문 시에 이 단계는 아주 짧은 시간 안에 이루어진다. 이 네 가지 수칙은 서로 연관되어 있어서 단지 서너 문장 안에 모두 포함된다. 그러고 나면 결과적으로 2단계인 탐색을 위해 완벽하게 준비를 마치게 되는 것이다.

　일단 이 네 가지 행동을 시도해보면 그것들이 마치 '가나다라' 처럼 자연스레 흘러간다는 사실을 알 수 있을 것이다. 기계적으로 행동하는 것이 아니라 당신이 무엇을 이루고자 하는지를 정확하게 알기 때문에 편안해지게 된다.

### 당신의 메시지,

**당신의 말,
당신의 전달,
이 모든 것이 온전히 당신에게 달려 있다.**

또한 그렇기 때문에 대화가 자연스럽게 진행된다. 필요할 경우 이 행동들에서 벗어나는 의식적인 결정 또한 마찬가지이다. 하지만 당신은 이 중요한 순간을 활용해서 가능한 한 최상의 연결고리를 만들고자 할 것이다. 상황에 따라 요구되는 바와 같이 어떤 것이든 필요한 경우에는 적절하게 조절해야 한다. 예를 들어 고객이 시간에 쫓긴다는 사실을 알게 되었다면 일단 라포르 형성을 다음으로 미룰 수도 있다. 이러한 행동들은 대화가 흘러갈 방향을 가리켜주는 것이며, 그저 참고로 삼아야지 그것에 구속되지는 말아야 한다.

이제 네 가지 행동들을 집중적으로 알아보자.

---

**4가지 행동**

**행동 1** : 인사/강력한 라포르
**행동 2** : 만남에 대한 간략한 설명/화제전환
**행동 3** : 이중의 목적과 점검
**행동 4** : 니즈로의 전환

### 행동 1  좋은 인상과 강력한 라포르를 형성한다

**인사**

안부를 묻고 자신을 소개하는 방식은 당연히 이미 알고 있을 것이다. 하지만 말콤 글래드웰(Malcolm Gladwell)의 베스트셀러 《블링크 : 첫 2초의 힘》에서 명확하게 언급되었듯, 사람들은 의식하지도 못하는 눈 깜짝할 만큼 짧은 순간에 소통을 한다. 최초의 단 몇 초 동안에 당신과 고객은 신호를 주고받고 판단을 내린다. 이때 당신이 주는 인상이 긍정적일 수도 있고 부정적일 수도 있다. 하지만 중립적인 경우는 거의 드물다. 말하자면 당신은 고객의 의심을 모두 날려버릴 수도 있고 오히려 의구심을 불러일으킬 수도 있는 것이다.

당신은 존재감과 능력을 발휘하여 관계를 형성하기 위해

악수를 하거나 눈을 마주치고
몸짓 언어를 사용하거나
미소를 짓고 자세를 취할 수 있으며
옷차림이나 목소리,
어조를 활용할 수 있다.
그리고 이런 것들을 통해서 일순간에,

**때로는 지울 수 없는 인상을 심어주게 된다.**

인사를 나누고 자기소개를 하는 동안 드러나는 모든 것들이 당신에 관해 말해줄 것이며 고객의 마음속에 당신에 관한 기억을 심어줄 것이다. 적절하지 못한 복장이나 시간에 늦는 등의 행동은 긍정적이거나 중립적인 인상을 심을 수 없고 순식간에 부정적인 방향으로 몰고 가게 된다.

"부질없는 짓으로 보일 수도 있지만, 한 사람의 옷차림이 그 사람이 세상을 바라보는 시각을 변화시키거나 세상이 그를 바라보는 시선을 바꿀 수도 있다."

—버지니아 울프


## 강력한 라포르

당연히 당신의 고객은 바쁠 것이고 당신 역시 마찬가지일 것이다. 하지만 그렇다고 해서 라포르를 형성하기 위한 시간조차 없다는 변명의 여지는 있을 수 없다. 상호관계와 당면한 상황에 맞추어 적절한 라포르를 만들 수 있는 융통성을 가져야 한다. 고객과의 관계가 어떠한가? 당신은 지금 잠재 고객과 만나고 있는가, 혹은 기존 고객을 상대하는 것인가? 라포르를 형성하는 데 실마리가 될 만한 것은 무엇인가? 고객이 당신을 대하는 태도는 어떤가? 또 고객이 몸담고 있는 조직의 문화는 다소 느긋한 편인가 혹은 격식을 차리는 쪽인가? 그리고 마지막으로 당신은 얼마만큼의 시간을 이 방문에 할애할 수 있는가?

대부분의 경우에 오프닝 단계에서의 라포르 형성은 단지 선택 사항 이상의 의미를 지닌다. 이는 예상되는 과정이다. 라포르는 인간관계의 일부분을 차지한다. 고객이 라포르를 얼마나 느낄 수 있을지를 염두에 두면서 당신이 발휘할 수 있는 모든 능력을 동원하여 라포르를 형성하기 위해 노력해야 한다.

라포르를 형성할 때 가장 중요한 점은 진정한 라포르라는 느낌을 줄 수 있어야 한다는 것이다. 당신이 느끼기에 참된 라포르라는 생각이 들어야 한다. 고객을 존중하고 또 고객에게 관심을 가지면 진지한 태도로 임하기가 수월해진다. 그렇다고 해서 모든 고객들을 다 좋아해야 한다는 건 아니지만 적어도 로버트 드니로나 메릴 스트립처럼 훌륭한 연기자가 될 수는 있다. 당신이 진실한 태도로 임하지 않는다면 라포르 형성은 마음이 담기지 않은 겉치레로만 흐를 가능성이 있다.

> "엄밀히 말하면, 실적을 향상시키려는 의도를 지니고 하는 말은 대화라고 할 수 없다."
>
> —주디스 마틴, 《미스 매너 Miss Manners》

핵심은, 라포르를 형성하기 위해서는 준비를 해야 되는데 실제로 그렇게 하는 세일즈맨은 거의 없다는 것이다. 의미 있는 라포르를 형성하기 위한 이상적인 방법론으로 말하자면 업무적인 차원과 사적인 차원의 두 측면 모두에서 접촉을 준비해야 한다. 업무적인 차원과 사적인 차원 모두에서 라포르를 형성하려면 언제나 사적인 차원의 라포르를 형성하는 것에서부터 먼저 시작해야 된다. 그것이 고객에게는 좀 더 구체적이고 흥미롭게 다가가며 또한 더 효과적이다.

늘 준비하는 자세를 갖추어야 되지만 라포르에 대한 준비를 한다고 해서 즉흥적인 라포르까지 대신할 수 있다는 말은 아니다. 당면한 상황 속에서 제시되는 즉각적이고도 좀 더 중요한 실마리를 감지하기 위해 신경 써야 한다. 예를 들어 고객이 임원 계발 훈련 프로그램에서 찍은 단체사진을 보란 듯이 벽에 걸어두었다거나 선반 위에 모형 경주용 자동차를 자랑스럽게 진열해놓았을 수도 있고 책상 위에 가족사진을 올려두었을지도 모른다.

### 사적인 라포르

사적인 라포르를 형성하기 위해 이용할 수 있는 이야깃거리는 당신이 미리 준비한 것이어도 좋고 고객을 둘러싼 주변상황에서 힌트를 얻을 수도 있다. 라포르를 형성하는 데 가장 좋은 방법은 라포르 질문을 하거나 상대방의 반응을 유도하는 말을 하는 것이다. 예를 들면 다음과 같은 방법이 있다.

- 국회에서 하는 행사에서 사회를 보시게 되었다는 기사를 읽었습니다. 정말 대단한 행사인 것 같은데 어떻게 그런 일에 간여하시게 된 건가요?
- …에 관해서 어떻게 생각하세요?
- 아드님이 속한 팀의 사진을 신문에서 봤습니다. 선수로 활약한 지 얼마나 되나요?
- 고객님 웹사이트에 들어가 봤습니다. 애니메이션을 추가하셨더군요(이때 이것이 당신이 방문한 주목적이 아니라는 사실이 드러나도록 말해야 한다). 정말 멋있던데요. …에 관해서는 어떻게 생각하세요?
- 수집품들이 굉장한데요. 언제부터 모으기 시작하셨나요?
- 그러고 보니 따님의 생일파티는 잘 치르셨나요?
- 토요일에 기공식이 열린다는 기사를 읽었습니다. 뿌듯하시겠

어요.

❏ 오래전부터 말씀을 많이 들어서 성함이 귀에 익었습니다. 이쪽 업계 일은 어떻게 시작하시게 되었나요?

❏ 빌(Bill, 중간에서 소개해준 사람)은 언제부터 알고 지내셨나요?

살고 있는 지역에 관한 이야기나 날씨 또는 그 외에 자신이 느끼고 생각한 바를 포함해서 개인적인 라포르 형성을 위해 활용할 수 있는 이야깃감은 다양하다(성이나 정치, 종교에 관한 이야기는 피해야 한다). 하지만 고객에게 라포르 질문을 해서 개인적인 관심을 표현하는 것보다 더 효과적인 방법은 거의 없다.

### 업무적인 라포르

당신이 방문을 한 목적과 직접적으로 관련되는 것만 아니라면 업무와 관련되는 그 어떤 주제도 업무적인 라포르 형성에 활용할 수 있다. 당신이 참석했던 컨퍼런스나 고객이 최근에 승진했다는 내용의 신문기사 또는 고객이 몸담고 있는 조직에 생겼던 변화 등이 화제가 될 수 있다. 예를 들면 이런 식으로 말할 수 있다.

❏ ○○컨퍼런스에서 …내용의 발표를 하신 걸로 알고 있습니다.

❏ 어떻게 그렇게 많은 일을 다 해내십니까?

당신이 하나의 이야깃감을 어떻게 활용하느냐에 따라서 사적인 라포르와 업무적인 라포르 간에 구분이 허물어질 수도 있다. 중요한 것은 라포르를 형성하겠다는 마음으로 당신이 방문한 목적과 직접적으로 관련이 있는 화제를 거론해서는 안 된다는 점이다. 그렇게 되면 당신의 의도와는 달리 서로 가까워지려던 분위기가 순식간에 싸늘하게 식어버릴 수 있다. 예를 들면 중간에서 소개를 해준 사람을 화제로 삼아서 사적이거나 업무적인 라포르를 형성하는 데 이용할 수도 있지만, 이용하기에 따라서는 2단계인 탐색 과정으로 진행해 나가는 데 활용할 수도 있다. '존이 저를 당신에게 소개시켜줘서 얼마나 고마운지 모릅니다. 귀하께서는 …를 찾고 계시다고 들었습니다' 라고 말한다고 가정해보면, 이 경우 너무 성급하게 2단계 탐색 과정으로 넘어감으로써 그 전에 1단계 행동과정을 제대로 마무리할 여유가 없어진다. 실제로 많은 세일즈맨들이 이와 같은 함정에 빠지곤 한다.

### 라포르 형성에 적합한 화제

무엇에 관하여 이야기를 꺼낼 것인가 하는 문제에 관한 한 고객의 관심사에 따라 개별적으로 맞추어 나갈수록 더 낫다고 할 수 있다. 하지만 사실 라포르라는 것은 무엇을 화제로 삼느냐보다는 인간적인 연결고리를 형성하는 것에 더 밀접하다고 할 수 있다. 독특하면서도 논쟁의 소지가 없는 것이라면 어떤 것이든 이야기의 주제가 될 수 있다. 비행기 안에서 가운데 좌석에 앉게 되었던 일에 관해 투덜거리거나 교통체증 혹은 코감기 같은 것 때문에 불평을 늘어놓는 행동은 절대 삼가야 한다. 그럴 경우 고객은 당신이 불편을 무릅쓰고 방문했다는 사실에 대해 간접적으로 불만을 토로한다고 느낄 수도 있기 때문이다.

라포르 형성은 고객이 중심이 되어야지, 당신 위주가 되어서는 안 된다.

### 라포르의 초점

**경험법칙**: 라포르를 형성하는 데 있어서 초점의 대상이 되는 것은 고객이지 당신이 아니다. 당신이 자신에 관한 이야기를 하는 것은 라포르를 형성하는 데 결코 최적의 방법이라 할 수 없다. 물론 당신에 관한 내용을 서로 나누는 것도 어느 정도는 괜찮지만 오래 끌지 말고 곧장 관심의 방향을 다시금 고객에게로 되돌려야 한다.

예를 들어 고객이 한때 시카고에 살았던 적이 있다고 말했다고 치자. 그런데 당신은 거기에서 학교를 다녔다. 그러면 당신은 그 시점에서 공통분모를 찾으면서 시카고에 관하여 뭔가 긍정적인 사실을 덧붙여 말할 수 있다. 하지만 곧장 초점을 고객에게로 되돌려서 시카고의 어느 동네에서 살았는지, 얼마나 오래 그곳에서 살았는지 등을 물어보는 것이 좋다. 어느 세일즈맨이 자기가 시카고에서 학교를 다녔다는 사실을 언급한 다음 15초 정도 자신이 대학 시절에 겪었던 일을 고객에게 늘어놓았더니, 그 잠재 고객은 "저, 실례 좀 하겠습니다."라며 말을 돌렸다고 한다. 만일 그 세일즈맨이 이야기의 초점을 고객에게로 다시 맞추었다면 그 고객과의 대화는 훨씬 더 길게 지속될 수 있었을 것이다.

주목할 만한 다른 예를 하나 더 들자면, 한 자선사업가에게 왜 모교에 기부를 하지 않기로 결정했느냐고 묻자 그는 자기밖에 모르는 진학담당 부장 때문이라고 대답하였다. 그 내용인즉 "그 부장님하고 저녁식사를 하는데 내내 코앞에 닥친 자신의 결혼식 이야기며 머지않아 이사할 것이라는 등의 이야기만 하더군요. 사실 나는 예의상 안부를 물은 것이었고 그분이 맡은 직무를 생각한다면 제가 목표로 하고 있던 것에 관해 다시 초점을 맞추어 화제를 돌릴 것이라고 생각했습니다."

### 라포르 형성에 적절한 시간

라포르를 형성하는 데 얼마만큼의 시간을 들여야 하는지는 상황적인 차이에 따라, 또 문화적 차이에 따라서 천차만별이라고 할 수 있다.

내가 권하는 바를 말하자면 방문에 소요되는 전체 시간 중에서 적어도 5~8퍼센트 정도의 시간을 1단계에 할애해야 한다. 그러니 예를 들어 방문에 소요되는 시간이 총 40분이라면 대략 5분 정도의 시간을 온전히 라포르를 형성하는 데 주력해야 한다는 말이다. 물론 고객의 특성이나 상황, 관계, 방문 목적, 시간대나 문화적 배경에 따라서는 그저 인사말이나 만나준 데 대한 감사의 말을 전하는 정도로 그치거나 혹은 그보다 훨씬 더 긴 시간을 할애할 수도 있다. 문화 연구에서 드러나는 바와 같이 예를 들어 미국의 서부 해안지방에서는 동부 연안의 대도시 지역에 비해서 라포르를 형성하는 데 더 많은 시간이 소요되는 것으로 나타났다. 또한 라틴 아메리카나 아시아 같은 지역에서는 대부분 좀 더 폭넓게 라포르가 형성되는 것으로 나타났다.

### 라포르에 대한 민감도

라포르를 형성하기 위해 할 수 있는 모든 방법을 다 동원하는 한편 고객이 '이런저런 잡담'에 얼마나 관심을 보이는지도 가늠

해봐야 한다. 만일 무뚝뚝한 대답, 변화가 없는 일정한 어조, 방어적인 몸가짐을 드러내거나 또는 "본론으로 들어가자."는 노골적인 제안을 하는 등 고객이 드러내는 조짐이 '라포르 전무상태'라면 뭔가 실마리를 찾아야 한다. 이처럼 고객이 전혀 라포르가 유발되지 않는 경우, 그 이유는 일정이 빡빡하다는 등의 단순한 것일 수도 있고 당신에게서 구매를 할 의사가 없다는 등의 골치 아픈 수준일 수도 있다.

방문하자마자 라포르 분위기를 조성하는 것에 반감을 느끼는 고객들에 대해서는 경우에 따라 나중에 기회를 보면서 방문 시간 중간이나 방문이 마무리되어갈 즈음, 혹은 정 여의치 않을 때는 다음번 방문 시로 미루는 것도 가능하다. 그래도 다행인 것은 대부분의 고객들이 적당하게 라포르를 형성하는 것을 반가워하며 또 더욱 사적인 수준에서 관계를 형성할 수 있다면 단 몇 분 정도의 시간은 기꺼이 할애해준다는 점이다.

## 오프닝 수준을 뛰어넘는 라포르

대개 라포르는 방문의 첫 부분에 이루어지는 것이라고들 생각하고 또한 실제로도 방문이 시작되는 부분에 집중적으로 이루어지기는 하지만, 사실상 라포르는 방문이 이루어지는 시간 내내 형성되고 지속되어야 하는 것이다. 예를 들어 고객의 니즈에 관하여 논의가 한창 진행되는 중간에 당신이 고객과 공유할 수 있는 이야기를 슬쩍 끼워 넣는 것이다. "사실은 제가 고객께서 몸담고 있는 분야에 관해 좀 배웠습니다."라고 말하는 식으로 관심을 표시하면 그런 자그마한 접점 하나를 통해 당신이 고객에 관해 좀 더 많은 것을 파악하는 동시에 사적인 유대감을 강화하는 계기로 삼을 수 있다. 그런 다음 다시 당면한 주제로 되돌아가면 되는 것이다.

라포르는 그저 말이나 몸짓의 차원을 넘어 행동의 차원에까지 확대될 수 있다. 고객과 테니스 경기를 한다거나 저녁식사를 함께하는 것일 수도 있고 또는 공연관람 티켓 같은 것이 될 수도 있다. 백 마디 말보다 한 가지 행동이 훨씬 낫다. 주말에도 당신에게 연락을 취할 수 있도록 당신의 휴대전화 번호를 알려준다거나 고객에게 생일축하 카드를 보낼 수도 있고, 대가를 받지 않고도 당신이 할 수 있는 일들을 찾아보는 등의 방법으로 고객에 대한 관심을 표명함으로써 라포르를 강화할 수도 있다.

### 라포르로부터의 전이

다수의 세일즈맨들은 일단 라포르가 형성되기 시작하면 당면한 업무에 관한 이야기로 넘어가기가 어려워지지 않을까 하는 걱정을 하곤 한다. 하지만 실제로는 오히려 그 반대의 상황이 문제가 되기 십상이다. 진정으로 라포르가 형성될 수 있을 만큼 충분한 시간이 투입되는 경우는 드물다. 그러니 라포르 형성 시간을 줄이기 위해 너무 애를 쓰지 말아야 한다. 고객이 라포르를 방패삼아 의도적으로 당면한 문제에 관한 언급을 회피하거나 행동에 옮기려 하지 않으려는 경우만 아니면 라포르 형성 시간을 충분히 활용해야 한다. 때로는 라포르를 형성하는 데 지속되는 시간이 너무 길어진다고 판단되는 상황이 되더라도 어렵지 않게 다음 단계로 넘어갈 수 있다. 그저 고객이 잠시 숨을 돌릴 때까지 기다렸다가 당신이 어떻게 해서 방문하게 되었는지를 간략하게 밝히고 당신이 준비했던 내용을 끄집어내면서 행동 2로 넘어가면 된다.

"모든 것은 가능한 한 간단하게 만들어져야 하지만 지나치게 간단해서도 안 된다."

―앨버트 아인슈타인

## 행동 2  준비된 내용으로 화제를 전환한다

### 간략한 설명

라포르로부터 벗어나는 것은 간단하다. 분위기가 썰렁해지지 않도록 하고 싶다면 그저 잠시 대화를 멈추고 숨을 고른 다음 고객을 방문해서 만나게 된 경위를 간략하게 설명하면 된다. 예를 들어 지난번에 고객과 대화를 하거나 만났을 때의 일을 상기시키거나 만남이 성사되도록 주선했던 사람을 언급할 수도 있다.

❏ 지난번에 뵈었을 때 …와 …에 관하여 얘기를 나누었는데…
❏ 전화통화 때 고객께서 …라고 하셨습니다만…
❏ 밥이 저를 당신께 소개시켜주어 얼마나 고마운지…
❏ 그 사람 말로는 …에 관하여 언급하신 적이 있다고 들었습니다. 그와 관련해서 이렇게 만나 뵐 수 있는 기회가 되어 정말 감사하게 생각합니다.

이처럼 방문하게 된 경위를 밝히는 것만으로도 수월하게 라포르에서 벗어날 수 있다.

### 준비 내용으로의 화제전환

어떻게 해서 방문하게 되었는지를 간략히 설명하고 난 다음에는 일단 곧바로 당신이 준비한 내용에 관하여 밝혀야 한다. 고객들은 당신이 그들을 염두에 두고 있는지 알고 싶어 한다. 당신이 그들을 만나기 위해 심사숙고했다는 사실을 알려줌으로써 당신이 고객의 시간을 소중히 여기며, 그 시간을 최대한 유용하게 활용하고자 노력하고 있음을 느끼도록 하는 것이다. 당신이 사전에 배려해두었던 사항들에 관해 고객이 신뢰를 가질 수 있도록 만드는 데에는 단 몇 초의 시간만 할애하면 충분하다. 예를 들어, 다음과 같이 질문한다.

- 제가 …에 관해 아주 많이 생각해봤습니다…
- 제가 귀하의 웹사이트(매장)에 들어가 보았더니…
- 제가 귀하의 제품을 사용해보았거든요…
- 제가 고객님과 전화상으로 나누었던 내용에 관해 저희 팀원들과 상의를 했더니…
- 제가 고객님을 담당하는 직원과 이야기를 나누었는데…
- 제가 X나 Y라는 고객과 …를 하기 위해 수행했던 몇몇 성공적인 프로젝트들을 사례로 들기 위해 자료를 모아왔습니다.
- 지난번 만나 뵌 이후로 제가 …를 만들어보았는데…

이처럼 당신이 사전에 준비를 했다는 사실을 밝힘으로써 고객으로부터 점수도 딸 수 있고 존경심도 유발할 수 있으며 나아가 고객의 시간을 더 많이 확보할 수도 있다.

행동 2를 실행하는 데는 고작 몇 초의 시간만 들이면 된다. 그리고 일단 이 일을 하고 나면 이때까지만 해도 잠재 고객에 불과하던 고객이 좀 더 마음을 열거나, 적어도 당신에 대해 중립적인 태도로 바뀔 수가 있다. 기존 고객의 경우에는 애초에 자신이 당신을 선택했던 이유를 다시 한 번 상기할 수 있을 것이다.

그러면 이제 행동 3으로 넘어간다.

### 행동 3  양쪽의 목적을 확인하고 점검한다

**이중의 목적**

　고객에게 좀 더 초점을 맞추려면 당신이 방문한 목적을 언급함으로써 당신이 왜 그 자리에 있는지와 당신과 고객이 같은 입장에서 생각하고 있다는 사실을 확신시킨다. 방문의 목적은 두 가지 차원에서 고려될 수 있다. 우선 당신이 고객의 니즈에 관해 좀 더 자세히 알아보기 위해 그 자리에 있다는 사실을 더욱 명확하게 밝혀서, 당신이 고객에게 초점을 맞추고 있음을 확실히 보여준다. 둘째로 만남의 이유를 분명히 하면서 동시에 그것이 고객에게 잠재적인 이득이 될 수 있음을 확신시킨다.

　예를 들어 "저는 오늘 고객께서 …에 관해 어떤 목적을 가지고 계신지 좀 더 상세히 알아보고 싶습니다. 또한 우리의 …을 고객님과 공유함으로써 저희가 …(고객님의 이득)을 …할 수 있을지 예상해보려 합니다." 등과 같이 당신이 고객에 관해 더 많은 것을 알고 싶어서 그 자리에 있다는 사실을 알림으로써 고객이 당신과 쌍방향 대화를 할 마음의 준비를 하도록 만든다. 또한 고객에 관해 더 많은 것을 알고자 하는 마음을 표현하여 당신이 고객의 니즈를 파악하지도 못한 채 상품에 관해 상투적인 설명만 늘어놓는 일은 모면할 수 있다. 이쯤에서 당신의 목적을 밝히고 당신이 그곳에 있는 이유를 명확히 해야 한다.

'제가 방문한 것은 저희 제품에 관해 상의를 드리고자…' 라는 식으로 목적을 밝히는 것은 바람직하지 않다. 그보다는 '저는 고객께서 원하시는 바가 무엇인지 좀 더 정확하게 알아보고자 방문했습니다' 라고 말하는 편이 낫다. 이 두 가지 접근방식은 그야말로 천지차이라고 할 수 있다. 한쪽은 제품 중심적인 태도이고 다른 한쪽은 고객 중심의 태도이다. 고객에 관하여 더 많은 것을 알아보기 위한 방법을 모색하고자 찾아왔다는 태도로 말해야 한다.

만일 한 번에 여러 가지 이야기를 꺼낼 계획이거나 한 번의 방문에서 여러 목적을 동시에 이루려는 의도를 가지고 있다면 당신의 일정과 계획 중에서 가장 핵심이 되는 부분을 정해서 말하면 방문의 목적을 분명하게 표현할 수 있다. 예를 들어 '오늘은 고객님이 의도하시는 바를 좀 더 자세히 알아보고, 또 보유하고 계신 설비들을 둘러본 다음 …를 하기 위해 마무리했던 프로젝트에 관해 이야기를 나누고 싶습니다. 또 그 다음엔 우리가 했던 …건을 점검해보고 …로 넘어가서 …를 최종적으로 만들어내려고 합니다' 라는 식이거나 혹은 당신이 계획했던 용건들 중 핵심이 되는 부분들을 토로하면서 '오늘의 안건으로 저는 우리가 …를 하면 되겠다고 생각했습니다' 라고 말하는 것이다. 당신이 염두에 두고 있는 용건을 미리 생각해둔 다음 명확하게 밝혀야만 한다. 그렇지 않으면 그 방문은 매우 형식적인 분위기로 흘러가거나 훨씬 복잡해질 수 있다. 그렇다고 해서 종이에 적어서 건네줄 필요까지는 없다.

**점검**

일단 당신이 방문한 목적을 분명하게 밝혔거나 당신의 용건을 검토했다면 곧바로 고객에게 피드백을 요구함으로써 당신이 이 방문에 대해 고객이 지닌 기대에 충분히 부응하고 있다는 사실을 확인해야 한다. 또한 고객이 관심을 가지는 다른 영역이 있다면 찾아내어 포함시켜야 한다. 예를 들면 이렇게 물어볼 수 있다.

❑ 어떻게 하면 그것이 귀하의 기대에 부응할 수 있을까요?
❑ 그것은 어떻게 생각하시는지요?

이렇게 고객에게 피드백을 요구함으로써 고객이 원하는 목적에 얼마나 잘 부합하고 있는지 파악할 수 있고 고객에게 좀 더 다가감으로써 호응도를 높일 수 있다.

대부분의 경우에는 고객과 통하기 마련이지만 혹시라도 단절되는 느낌이 있다면 되도록 재빨리 알아차려야 한다. 어떤 세일즈맨이 자신이 준비해둔 이야깃거리를 끄집어내자 당황한 고객이 거부감을 드러냈다. 알아봤더니 그 고객은 그동안 그 세일즈맨이 연락해오는 것에 대해 그다지 중요하게 생각하지 않았던 것이다. 자신의 용건이 상대방과 맞아떨어지지 않는다는 사실을 알아차린 그 세일즈맨은 재빨리 상황에 맞게 안건을 바꾸었고, 회의를 성공적으로 이끌 수 있었다. 준비한 안건이 적절하게 맞아떨어지는 경우에라도 한 번쯤 그 안건을 점검해볼 필요는 있다. 그냥 고객이 동의하겠거니 하고 짐작하는 것보다 차라리 한 번 물어봄으로써 고객은 자신이 주도적인 입장에서 선택권을 가지고 있다는 느낌을 받게 되고 구매 가능성도 높아진다.

## 신임을 얻다

때로는 당신의 회사나 당신 자신에 관하여 신임을 얻을 필요가 있다는 생각이 들 것이다. 신임을 얻으려면 그저 당신의 이름과 직함, 그리고 회사의 이름을 말하는 것보다 한 단계 차원 높은 접근이 필요하다. 신임을 얻는다는 것은 현재의 관계에서는 잠재고객이거나 처음 안면을 트게 된 사람이 당신의 회사나 당신에 대해 어떤 시각을 가지게 될지 결정하는 데 도움을 줄 신뢰를 확보한다는 뜻이다. 신임을 얻는 일은 대개 안건을 점검한 직후나 오프닝 단계에서 벗어나기 전에 시도하는 것이 가장 좋다. 신임을 얻는 행위는 간간이 실천할 필요가 있는 것이므로 당신이나 회사에 관해 전달해야 할 핵심적인 메시지들을 미리 준비해두어야 한다. 하지만 그런 내용을 전달할 때는 명확하고 알아듣기 쉬우며 간결하게 해야 한다. 길어야 1~2분 안에 마치는 것이 좋다. 또한 준비한 핵심 메시지는 각 고객의 성향에 맞추어 조정해야 한다.

### 행동 4  고객의 니즈를 탐색한다

　이쯤 되면 이제 오프닝을 마무리할 준비가 된 셈이다. 갈림길에 서는 것 같은 상황이 된다. 이때 세일즈맨들의 약 60퍼센트 정도는 하나같이 탐색의 길을 택하지 않고 제품의 길로 들어선다.

　여기에서 발을 잘못 디디면 거래처 하나를 완전히 놓칠 수도 있는 어마어마한 실수의 길로 들어서는 것이다. 세일즈맨들이 너무나 흔하게 저지르는 실수는 프레젠테이션을 하기 전에 고객의 의향을 별로 물어보지 않거나 아예 물어볼 생각조차 하지 않는 것이다. 어느 쪽이든 결과야 마찬가지이다. 그런 경우 프레젠테이션이란 상투적이기 마련이고, 고객이 관심을 가질 리 만무하다. 대신 탐색의 길을 선택하면 그때까지 당신이 공을 들인 덕분에 고객이 먼저 나서서 자신의 니즈를 말하도록 만들 수 있다. 이때까지는 당신이 '주었으니' 이제는 '받아낼' 때가 된 것이다. 2단계로 전환할 준비가 되었다.

　오프닝 단계를 벗어나기 위해서는 몇 가지 질문을 해도 괜찮은지 고객에게 양해를 구한다. 이런 말을 꺼낼 때는 고객을 위한 것이라는 내용을 먼저 밝힌다. 예를 들어,

　　❏ 우리 회사의 …에 대해 이야기를 나누기 전에 고객께서 가장 중

요하게 생각하시는 부분이 무엇인지에 초점을 맞출 수 있도록 먼저 몇 가지 여쭤봐도 괜찮을까요?
❑ 고객님께 가장 필요한 부분에 초점을 맞출 수 있도록 우선 …에 관해 좀 더 알아야 할 것 같은데, 몇 가지 질문을 좀 드려도 될까요?
❑ 우리 회사의 능력(아이디어, 추천할 사항 등)에 대해 화제를 돌리기 전에 …를 파악하기 위해 어떤 …에 대해 여쭈어도 되겠는지요?

이번 단계에 대해 말하면 일부 세일즈맨들은 이것이 추가적인 만남이고 이미 니즈를 확정하고 난 뒤라면 이런 말들이 무슨 소용이 있느냐고 묻곤 한다. 분명히 말하지만 이런 질문들은 모두 유용한 것들이다. 한 번, 또 한 번 방문이 이어지면서 정보가 쌓이는 것은 당연하다. 당신이 이미 니즈에 관해 충분히 파악하고 있는 상황에서 똑같은 정보만 파고든다면 고객은 짜증을 낼 것이므로 적절치 못한 행동이 될 수 있다. 하지만 니즈에 관해 충분히 파악하고 있다고 생각되는 상황이더라도 다시 고객을 방문했을 때는 탐색하는 의미로 몇 가지 질문을 통해 그동안 새롭게 진척된 사항은 없는지 확실하게 알아볼 수 있다. 또한 몇 가지 질문을 던짐으로써 고객의 주의를 환기하고 회의에 적극적으로 참여하도록 이끌어낼 수도 있다. 여기서 내가 제안하는 경험법칙은 당신의 능력을 보여주기 전에 고객의 의견을 먼저 알아내라는 것이다.

고객의 니즈에 관해 알고자 하는 자세를 갖추고 있으며 또한 흥미를 가지고 있다는 사실을 고객에게 보여주었는데도 자신의 니즈에 관해 말하기를 꺼릴 사람은 거의 없을 것이다. '하실 말씀이 뭔지 들어나 봅시다' 라는 식으로 거부감을 표시하는 고객에게는 일단 고분고분 따르되, 제품에 관해서만 너무 깊이 파고들지는 말아야 한다. 그럴 때는 제품 정보에 관해 1~2분 정도 할애한 다음 이렇게 물어본다.

❑ 어떤 것 같으십니까?
❑ 고객께서 생각하고 계신 것과 얼마나 맞아떨어지는지요?

이렇게 하면 대부분은 자신의 의견을 밝히지 않으려고 고집을 부리기 어려울 것이다.

이쯤 했는데도 고객이 아직 자신의 니즈에 관해 이야기하기를 꺼린다면 제품에 대해 관심이 없거나 당신이나 회사에 대해 부정적인 느낌을 가지고 있다는 신호일 수도 있다. 하지만 어쩌면 그저 시간이 없는 것일 수도 있다.

**여유시간 점검**

당신이 판촉 방문 일정을 짤 때에는 대개의 경우 그 만남에 고객이 얼마나 시간을 할애할 수 있을지 계획할 것이다. 그렇기 때문에 보통 시간을 점검할 필요는 거의 없는 편이다. 하지만 그렇게 정해진 시간 일정이 여전히 유효한지 한 번 더 점검하고자 한다면 먼저 그 미팅에서 고객에게 어떤 이점이 돌아갈 것인지를 밝힌 뒤의 시점, 그리고 고객의 니즈 단계로 넘어가기 전이 적당하다. 예를 들어 '전화로 통화할 때 약 45분 정도 시간을 내줄 수 있다고 하셨는데요. 그 정도 시간이면 괜찮으신지요?' 라고 말하든가 또는 '그 말씀이 아직 유효하신지요?' 라고 물어보는 것이다. 하지만 사전에 이미 시간 계획을 확정한 경우라면 고객이 유별나게 중간에 자리에서 일어나는 경향이 있는 사람만 아니면 굳이 그렇게까지 할 필요는 없다.

## 강력한 힘을 발휘하는 오프닝

어쩌면 당신은 지금까지 소개한 것들만 다 하더라도 방문시간이 거의 끝나버리겠다고 생각할지도 모르겠다. 그렇다. 접촉 단계에서만 네 가지 행동을 취해야 한다. 하지만 일단 이것들을 통달하여 그 행동들을 이용해보면 모든 것들을 이행하는 데 단 몇 분이면 충분하다는 사실을 금방 깨달을 수 있다. 이렇게 하면 고객의 니즈를 모색해 나가는 데 완벽한 입지를 확보할 수 있다는 장점이 있다. 예를 들어 다음과 같이 말할 수 있다.

'안녕하세요, 낸시. 저는 X사에 근무하는 캐럴 마리노라고 합니다. 오늘 시간을 내어 이렇게 만나주시니 감사합니다. 존은 우리가 꼭 만나야 한다고 말하더군요(첫 만남에서). 그 사람 참 대단한 사람이에요. 그런데 그가 당신을 무척 칭찬하더라고요. 그리고 듣자하니 얼마 전에 …로 이사하셨다고요. 그 동네는 …하기에 어떤 것 같으세요(사적인 라포르 형성)? ○○신문에 보니까 귀사에서는 …에 새로 사무실을 여실 계획이라고 하던데요. …에 관여를 하셨나요(업무적인 라포르)? 저희 회사가 …와 …분야에서 광범위하게 일을 해왔던 터라 그 일과 관련해서 우리 둘이 만나보면 좋을 거라고 존은 생각하고 있습니다. 존이 약간 귀띔해 준 내용도 있고, 또 이번 회의를 준비할 겸 귀사에서 저희 웹사이트 상에 구현하시려는 새로운 전략에 관해 좀 읽어보았습니다. 또 저희 회사 내의 전문가들과도 얘기를 좀 나누어보았고요(회의에 관한 간략한 설명과 화제 전환 준비). 그래서 오늘은 …과 …에 대해 생각하고 계신 목적을 좀 더 알아보고 우리 회사의 …을 좀 더 알려드리고자 합니다. 어떻게 생각하시는지요?(이중의 목적과 점검) … 제가 …하기 전에 …과 관련해서 고객께서 중요하게

> 생각하시는 부분에 초점을 맞출 수 있도록 …에 대해 가지고 계신 목적을 제가 좀 더 잘 이해하기 위해 몇 가지 여쭤어도 될까요 (니즈로의 전환)?

1단계에서 가장 중요한 변수는 라포르에 시간을 얼마나 사용할 것인가이다. 그것은 1단계를 시작해보면 금방 알아차릴 수 있다. 하지만 접촉이 이루어지기 위해 필요한 요소들이 무엇인지를 잘 파악해서 연결이 끊어지지 않도록 해야 하며 또한 당신이 그 접촉을 끝내려 할 때가 언제인지도 판단해야 한다. 첫 인사말에서부터 1단계가 끝나는 부분까지 벌어지는 일들이 그 접촉의 내용을 좌우한다. 그리고 1단계를 벗어나는 시점의 상황이 그 다음에 이어질 대화의 향방을 결정한다고 할 수 있다.

## 방법론과 세부계획

❏ 1단계인 접촉을 확고하게 하기 위해서는 판촉 방문 이전과 이후에 68쪽부터 71쪽까지 제시된 접촉 사전 계획표와 접촉 사후 보고서를 이용한다.

❑ 준비 과정에 도움이 될 수 있도록 잠재 고객이나 기존 고객의 웹 사이트를 들어가보고 동원할 수 있는 모든 방법을 활용하며 CRM(Customer Relation Management, 고객관계 관리-옮긴이)을 점검하고 동료들에게 자문을 구하기도 하며 일정을 확인하는 차원에서 사전 전화통화를 한다.

---

**1단계 : 접촉**

**행동 1** : 인사/고도의 라포르

**행동 2** : 만남에 대한 간략한 설명/화제 전환

**행동 3** : 이중의 목적과 점검

**행동 4** : 니즈로의 전환

---

**주의할 점**

**세일즈맨** : 제품의 길, 어쩌고저쩌고 떠든다, 상투적 말투

**세일즈맨과 고객** : 탐색의 길, 니즈, 니즈, 니즈, 각 고객에 맞추어 설득력 있는 대안

## 접촉 사전 계획표

고객 : _____     날짜 : _____

방문 목적 : _____

---

❏ **인사/소개**
_____
_____

❏ **라포르**

▶ 사적인 라포르
_____
_____

▶ 업무적인 라포르
_____
_____

❏ **만남에 관한 간략한 설명/준비 사항 도입**

▶ 판촉 방문을 하게 된 경위 설명
_____
_____

▶ 미리 준비한 사항 도입
_____
_____

❏ **이중의 목적과 점검**

▶ 고객의 목적을 파악/업데이트하기 위한 발언
_____
_____

▶ 고객에게 돌아가는 잠재적인 이점
_____
_____

## 접촉 사전 계획표(계속)

▶ 의견을 조정하기 위한 점검

❑ 나 자신 그리고/또는 회사에 대한 신임을 얻는다(필요한 경우)

❑ 탐색과정으로의 전환
▶ 몇 가지 질문을 해도 좋을지 고객의 양해를 얻는다.

## 접촉 사후 보고서

고객 : _____  날짜 : _____

방문 목적 : _____

| | 예 | 아니오 | 특이사항/행동 단계 |
|---|---|---|---|
| **인사/소개** | ☐ | ☐ | |
| ▶ 강력한 존재감을 가지고 인사/소개했는가 | | | |
| ▶ 긍정적인 첫인상을 만들어냈는가 | | | |

| | 예 | 아니오 | 특이사항/행동 단계 |
|---|---|---|---|
| **효과적인 라포르** | ☐ | ☐ | |
| ▶ 사적인 라포르가 형성되었는가 | | | |
| ▶ 업무적인 라포르가 형성되었는가 | | | |

| | 예 | 아니오 | 특이사항/행동 단계 |
|---|---|---|---|
| **요약/준비사항 도입** | ☐ | ☐ | |
| ▶ 방문하게 된 과정을 요약한 다음 준비한 내용을 소개했는가 | | | |

## 접촉 사후 보고서(계속)

|  | 예 | 아니오 | 특이사항/행동 단계 |
|---|---|---|---|
| **이중의 목적/점검** | ☐ | ☐ | |
| ▶ 더 많은 것을 파악하는 것과 고객이 얻는 혜택에 방문의 초점을 맞춘다는 이중의 목적을 전개했는가 | | | |

|  | 예 | 아니오 | 특이사항/행동 단계 |
|---|---|---|---|
| **탐색으로의 전환** | ☐ | ☐ | |
| ▶ 당신이 좀 더 깊이 알아보아도 좋을지 고객의 양해를 구하면서 전환했는가 | | | |

☐ 1단계 접촉에서 계속 노력할 것인가 아니면 2단계 탐색으로 진행할 것인가?

▶ 1단계에서 더 노력한다

▶ 2단계로 진행한다

## 2단계

# 탐색

"대부분의 연기자들은 그저 듣는 것만으로는 하나의 장면 속에 얼마나 귀중한 것이 담겨 있는지를 깨닫지 못한다."

―스펜서 트레이시

## 고객의 니즈 이해

고객의 니즈는 판촉 목적의 대화를 이어 나가는 데 초석과도 같은 역할을 한다. 당신은 질문을 함으로써 에너지를 만들어내고, 또 고객의 말에 귀를 기울임으로써 대화 중간 곳곳에 숨어 있는 귀중한 내용을 발굴할 수 있다. 완벽한 고객 방문 업무는 당신이 고객의 니즈를 이해하고 있다고 고객 스스로가 느낄 때 비로소 가능해진다.

두 점 사이를 잇는 가장 짧은 거리가 직선인 것처럼 세일즈를 성사시키는 가장 빠른 길은 고객의 니즈를 이해하는 일에서 시작된다. 고객의 니즈라는 기초를 굳건히 다지지 않는다면 세일즈 분야에서 그다지 좋은 결과를 얻을 수 없다. 그런데 질문과 경청이라는 두 가지 없이는 고객이 무슨 생각을 하고 있고 무엇을 얻고자 하는지 파악할 수 없으며, 또한 당신 회사의 제품이 고객이 당면한 문제에 대한 해결책이 될 수 있도록 보완할 수도 없다.

　업무 계약을 성사시키는 데 가장 큰 장애물은 예산의 부족이나 강력한 경쟁상태가 아니라 오히려 니즈에 대한 이해 부족인 경우가 허다하다. 스펜서 트레이시의 말을 인용하자면, "대부분의 연기자들이 그저 듣기만 해서는 하나의 장면 속에 얼마나 귀중한 것이 담겨 있는지를 깨닫지 못한다." 고객에게 질문을 던지고 또 고객의 말에 귀를 기울임으로써 당신은 고객의 관점에서 상황을 바라볼 수 있게 되고, 결과적으로 고객 또한 당신을 단지 물건 파는 사람이 아니라 동료의 한 사람처럼 여기게 된다.

## 당신은 고객의 니즈를 이해하고 있습니까?

　위의 질문에 아마도 대부분이 그렇다고 대답할 것이고 어쩌면 어느 정도는 맞는 말일 것이다. 당신은 고객이 얻고자 하는 것이 무엇인지 이해하기 위해 질문을 하고, 또 그 대답에 귀를 기울인다. 그런데 하나를 이해하고 나면 또 다른 것을 이해해야 한다는 말도 있지만, 이는 정말로 그렇다. 질문과 경청은 이해로 가는 길을 열어준다. 당신이 과거에 경험했던 판촉 방문을 생각해보았을 때 당신이 말을 했던 부분과 상대의 말을 경청했던 부분의 비율이 어느 정도인가? 적어도 당신이 말을 했던 만큼은 상대방의 말에 귀를 기울였어야 한다. 이 책에 소개하는 5단계를 서로 이어져 있는 띠 모양으로 생각한다면 2단계인 탐색이 가장 폭이 넓은 띠가 될 것이다.

그런데 안타까운 것은 고객의 니즈를 이해하는 일이 세일즈에서 가장 중요한 부분이라고 인식은 하면서도 2단계의 과정을 간단하게 지나치는 경향이 있다는 점이다. 예로부터 세일즈맨들은 스스로를 '대답하는 사람'이라는 역할로 이해하고 있었기에 질문하고 경청하는 분위기가 아니라 말을 하는 분위기로 종종 빠져들게 되는 것이다. 또한 세일즈맨들은 행동 위주의 사람들이기 때문에 경청하는 일을 지나치게 시간을 잡아먹는 일이며 수동적인 일이라고 간주해버리기 일쑤이다. 그뿐 아니라 세일즈맨들은 질문을 하면 자신이 대화의 주도권을 잃어버리거나, 대화가 원하지 않거나 대처하기 힘든 방향으로 흘러갈 것이라고 걱정하는 심리를 가지고 있다.

> "대화란… 개인적으로는 불가능한 통찰을 얻기 위해 하는 것이다."
>
> —피터 센지

질문과 관련해 가장 어려운 부분은 아마도 계속해서 질문하는 훈련을 하는 과정일 것이다. 상대의 말에 귀를 기울이면서 중간에 끼어들어 대답을 하거나 견해를 밝히고 싶은 충동을 억누를 수 있으려면 인내심이 요구된다. 마치 수사관이라도 된 것처럼 성급하게 결론을 내리기 전까지 판단을 미루면서 탐색을 계속할 수만 있다면 당신은 대화의 전반적인 역학관계를 변화시킬 수 있을 것이다. '심문을 하는 듯한 분위기' 속에서 질문과 경청을 행해야 진정한 대화 분위기를 만들어 나갈 수 있다. 그리스어 'dialogos'에 어원을 둔 'dialogue'라는 단어는 깨우친다는 뜻인데, 깨우친다는 것은 정보를 준다는 쪽보다는 얻는다는 의미가 강하다.

질문을 통해 고객의 니즈를 알아낼 수 있을 뿐 아니라 고객의 생각을 이끌어 나갈 수 있으며, 질문을 함으로써 회의석상에서 당신이 원하는 화제에 고객이 집중하도록 만들 수 있다. 당신의 관점에서만 이야깃거리를 끄집어내면 고객이 방어적인 태도를 보일 수 있다. 고객이 어떤 시각을 가지고 있는지 알아내기 전에 먼저 덤벼들듯이 당신의 관점을 제시하면 고객이 반감을 가지게 될지도 모른다. 하지만 주제와 관련된 질문을 던진다는 것은 어떤 의미에서는 마치 뒷문으로 들어가는 것과 비슷하며, 고객과 회의석상에서 이야기할 주제를 함께 선택할 수 있다.

당신이 얼마나 수준 있는 질문을 하느냐에 따라서 당신이 더 많은 것을 줄 수 있음을 고객에게 알릴 수 있다. 당신이 하는 질문을 통해 고객은 자신의 니즈가 무엇인지를 훨씬 더 철저하게 찾아낼 수 있다. 또한 질문을 통해 당신이 고객에게 관심을 가지고 있다는 것을 표현하게 되므로 라포르를 유지하는 데도 도움이 된다. 무엇보다도 질문을 통해 고객의 니즈를 만족시키려면 필요한 것이 무엇인지 듣고 깨달을 수 있다는 것이 가장 중요하다.

어떤 식으로 질문을 활용할 것인지를 고려할 때는 반드시 정직한 태도로 임해야 한다.

당신은 어떤 질문을 던지는가?
충분한 질문을 한다고 생각하는가?

"당신의 니즈는 무엇입니까?"와 같은 질문 하나만 할 수 있다면 고객의 니즈를 파악하는 것이 아주 수월할 것이다. 이런 질문이야말로 니즈를 알아낼 수 있는 가장 합리적인 방법이라고 생각할지도 모르겠다. 하지만 대개의 경우 이런 질문은 너무나 광범위한 편이다. 이런 경우 고객의 대답 역시 너무나 광범위하게 될 가능성이 많아서 그저 일반적이거나 회피하는 식의 답을 하게 된다. 이런 질문은 또한 고객에게 부담을 주고, 지나치게 많은 부분을 고객에게 떠넘기는 셈이다. 게다가 그런 질문은 고객이 당신 회사의 제품과 서비스가 제공할 수 있는 모든 니즈에 관하여 이미 파악하고 있는 상황에서나 가능한 것이다.

그간 많은 세일즈맨들과 폭넓게 작업한 내용을 바탕으로 했을 때 세일즈맨들은 다음에 소개하는 식의 질문을 하나 이상 고객에게 하는 경우 곤란한 상황에 빠지는 것으로 나타났다.

- ❏ **프레젠테이션을 너무 일찍 한다** : 즉 니즈를 탐색하기도 전에 특징과 장점을 설명한다.
- ❏ **질문을 너무 적게 한다** : 그래서 중요한 질문을 빠뜨린다.
- ❏ **제한된 분야에 관한 질문만 한다** : 다시 말해 기술적인 부분에 관해서만 질문하거나 반대로 전략적인 부분에 관한 질문으로 시작한다.
- ❏ **논리적인 흐름은 고려하지 않고 질문한다** : 두서없이 흐지부지 하는 식으로 질문하고, 또한 기술적인 질문으로 시작한다.
- ❏ **수박 겉핥기 식 질문만을 한다** : 노다지를 캘 수 있는 실마리가 될 대답을 끈질기게 이끌어내기보다는 '목록'에 있는 순서대로 질문만 나열한다.
- ❏ **너무 늦게 질문한다** : 이 말은 세일즈 절차상 고객의 니즈에 대한 관심을 너무 늦은 단계에서 표현한다는 말이다. 고객이 이미

세일즈에 대한 관심이 다 사라진 다음에 말이다.

## 세일즈에서 질문이 하는 역할은 엔진이 돌아가도록 연료가 하는 역할과 같은 것이다.

질문은 단순히 요령만 있어서 되는 것이 아니다. 이는 마음가짐에 관련되는 것이다. 판촉 방문 시에 당신이 질문이라는 것을 어떻게 생각하고 활용하는지 살펴보면 고객을 어떻게 생각하는지도 알 수 있다. 질문을 던짐으로써 당신이 고객을 현명하고 지각 있는 사람이라고 생각한다는 사실을 표현할 수 있다. 또한 고객이 자신의 업무를 이해하고 있으며 자신에게 어떻게 세일즈해야 할지 말해줄 만한 능력을 지녔음을 당신이 믿고 있다는 것을 표현할 수 있다. 당신이 질문을 활용하는 방식을 통해 당신이 스스로를 어떻게 바라보는지 만천하에 드러내는 것이다. 그것은 전문가, 자문역, 권위자, 협력자 또는 선생이나 코치, 동반자 등의 모습이 될 수 있다.

질문을 잘 하려면 제2의 천성이라고 할 수 있을 만큼 훈련을 해야 한다. 질문을 잘 하는 세일즈맨은 질문을 통해 자신의 가치를 최고로 높일 수 있고, 또한 가장 설득력 있게 다가갈 수 있다는 사실을 절감한다. 프로버(prober, 탐사를 하는 장치로 전후좌우의 미

세 위치 조정이 가능하며 웨이퍼라는 회로판 검사를 자동으로 하게 되어 있음-옮긴이)처럼 철두철미하고 주도면밀한 사람은 질문에 관한 한 전반적으로 강점을 가지고 있는데, 그런 사람들에게는 꼼꼼하게 탐사하는 것이 자연스러운 본능이자 사고방식이기 때문이다. 그런 사람들은 마치 검사들이 심문하듯 들리지 않도록 꼬치꼬치 캐묻는 방법을 터득하고 있다. 그러므로 정밀하게 조사하는 것이 몸에 배도록 훈련을 해둘 만한 가치가 있다. 예를 들어 학교에 바닥재를 판매하는 세일즈맨 한 사람은 분기별 실적 목표를 달성하려면 교육감에게 줄이 닿아야 한다는 사실을 깨달았다. 그런데 어렵게 마련한 교육감과의 면담 자리는 그의 목표 달성에 도움이 되지 못했다. 라포르 형성 다음 단계에서 그는 자기 회사가 제공하는 물건에 관한 슬라이드 자료를 보여주었다. 프레젠테이션이 끝나자 그 교육감은 "몇몇 슬라이드는 아주 흥미롭군요. 하지만 우리에게는 카펫을 설치하는 일에 관한 슬라이드가 모두 해당사항이 없습니다. 우리는 카펫을 사용하지 않거든요."라고 말했다고 한다. 이 세일즈맨이 정밀조사를 하기도 전에 슬라이드 프레젠테이션을 했다는 마음가짐 자체는 그 교육감이 어떤 슬라이드를 마음에 들어 했는지를 자세히 알아볼 생각조차 못했던 마음가짐과 똑같은 것이다. 그 세일즈맨에게 정밀조사에 관한 훈련이 조금만 되어 있었더라도 그 회의가 초래한 결말은 전혀 달라졌을 것이다.

질문을 하기 위한 구조를 만드는 일이 그런 훈련을 쌓을 수 있는 하나의 방법이 된다. 탐색 단계는 네 가지 행동으로 구성된다. 이 행동들은 하나로 연결되어 있어서 질문들이 체계적으로 구성되고 자체적으로 만들어진다. 여기에 맞추어 질문을 하고 고객의 답변을 최대한 이끌어내는 과정에서 당신이 지닌 지식과 경험을 활용할 수 있다.

---

### 4가지 행동

**행동 1 : 목적 질문**
…에 대한 목적이 무엇입니까?
더 깊이 파고든다.

**행동 2 : 현재 상황 질문**
…와 관련해서 현재 어떤 일을 하고 계십니까?
더 깊이 파고든다.

**행동 3 : 기술적 측면 질문**
…수효가 얼마나 됩니까?(제품 관련 세부사항)
더 깊이 파고든다.

**행동 4 : 장래의 니즈와 사적인 니즈에 관한 질문**
귀하께서 예상하고 있는 장래 니즈는 무엇입니까?
더 깊이 파고든다.
무엇을 가장 중요하게 생각하시는지요?
더 깊이 파고든다.

당신이
고객의 말에 귀를 기울인다고
고객이 느낄 수 있어야 한다.

각각의 행동 단계에 소개되어 있는 질문들을 순서대로 살펴보면 좀 더 광범위하고 전략적인 것에서부터 좀 더 자세하고 전문적인 것으로 이어진다. 이처럼 정해진 순서대로 질문을 한다는 생각이 좀 기계적이고 부자연스럽다고 할지 모르지만 상관없다. 어쨌거나 나스카(Nascar, 미국 개조자동차 경기연맹-옮긴이)에서부터 발레에 이르기까지 모든 창의적인 활동에는 기계적인(단계적인) 요소가 섞여 있기 마련이다. 이런 모든 활동들을 실제로 행하는 과정에서 예술성이 발휘되는 것이다. 질문을 던지고, 경청하고, 좀 더 깊이 파고드는 과정에서 당신이 고객에게 믿을 만한 조언자로서 자리매김할 수 있는 것이다. 고객에게 도움이 필요할 때 가장 먼저 연락을 취할 수 있는 사람 말이다.

## 단순한 질문 '목록'이 아니다

이 네 가지 행동이 그저 단순하게 질문을 나열해놓은 것이라면 정말 기계적이라고 할 수 있다. 하지만 각 질문은 고객의 반응에 따라서 좀 더 깊이 파고들 수 있는 다른 질문들로 연결된다.

고객의 대답을 정밀조사할 수 있도록 경청할 것인지 반대로 무조건 다음 질문으로 넘어가거나 말하기 시작할 것인지는 당신이 선택할 일이다. 질문을 할 때 일정한 순서를 가지고 있으면 중요한 정보를 얻는 데 도움이 된다. 고객의 대답을 더욱 깊이 파고 들어가면 경쟁적 우위를 점할 수 있을 것이다. 고객의 니즈를 더 깊이 이해하고 파악할 수 있기 때문이다. 당신이 하는 각각의 질문은 다음 행동으로 넘어가기 이전에 당신에게 필요한 수준의 정보를 충분히 얻은 후에 다음 질문으로 더 깊이 들어갈 수 있는 길을 열어준다.

이 네 가지 행동들을 참고로 일련의 질문들을 만들어낼 수는 있지만 그 질문의 실질적인 내용과 어조, 당신이 던지는 질문을 실제 문장으로 만드는 것은 당신의 몫이다. 스스로에게 자연스러우며 당신이 아는 것들을 표현할 수 있으면서도 상황마다 적절하게 고객에게 완벽하게 들어맞는 것이어야 한다. 왜냐하면 더 심층적으로 파고드는 질문은 고객의 대답에 기초하여 만들기 때문이다.

이제 각각의 행동을 살펴보자.

## 행동 1  최상의 첫 질문은 목적 질문이다

바로 여기서 당신이 던지는 첫 번째 질문이 그 판촉 방문 전체의 성패를 좌우할 수 있다. 이 질문을 던지기까지 당신은 정말 많은 노력을 기울였다. 라포르를 형성하면서 접촉을 했고, 당신이 준비해온 내용을 소개하기도 했다. 또 당신의 목적과 고객에게 돌아가는 이점도 설명했다. 당신은 고객에게 몇 가지 질문에 답해 달라고 양해를 얻었다. 당신은 이제 질문할 수 있는 권리를 얻어낸 것이다. 당신은 권리를 부여받았고 이제 권리를 가졌다. 당신은 이처럼 '마법과도 같은' 첫 질문을 던질 수 있는 준비를 마친 것이다.

### 목적에 관한 질문을 하라

이 질문이 마법과도 같다는 것은 다른 방법으로는 절대로 가질 수 없는 '날아가는 양탄자'의 관점을 제공해주기 때문이다. '…에 대한 귀하의 목적은 무엇입니까?'라고 질문함으로써 당신이 좀 더 전략적인 사고를 가진 사람임을 보여줄 수 있으며 데이터 이상의 통찰을 얻을 수도 있다.

이 질문을 어떤 식으로 표현하느냐에 따라서 당신이 얻어낼 수 있는 대답의 종류도 크게 달라진다. 이처럼 광범위한 질문을 할 때는 고객에게 어떤 이득이 될 것이며 질문을 하는 이유는 무엇인지, 또 당면한 상황에 관하여 당신이 알고 있는 내용들을 같이 언급함으로써 고객이 좀 더 완벽하게 답할 수 있도록 유도해야 한다.

예를 들어 고객이 해외 영역으로 사업을 확장할 수 있도록 당신이 도움을 줄 수 있는 방법을 논의하는 것이 목적이라면 다음과 같이 질문할 수 있다.

❏ "귀하의 회사가 해외 영역으로 확장해 나가는 것과 관련해서 제가 도움을 드릴 수 있는 방안을 살펴보고 싶은데, …에 관한 귀하의 목적은 무엇인지요?"
❏ "…에 관한 내용을 읽어보았습니다. 귀하의 …에 가장 적절하게 부합되는 것이 무엇인지 제가 초점을 맞춰보려고 하는데, …에 대해 어떤 목적을 가지고 계신지요?"
❏ "지난번 통화할 때 귀하께서 가장 우선시하는 것이 …라고 하셨는데 …에 대해 가지고 계신 목적은 무엇입니까?"

보다시피 목적 질문은 매우 직설적이므로 아주 경험이 많은 세일즈맨이라 할지라도 만만치가 않다. 코칭 기법을 가르치는 시간에도 '…에 대한 목적은 무엇입니까?' 라는 질문은 여러 번 반복 연습해야 하는 부분이다.

일단 목적 질문을 하고 난 다음에는 고객의 답변을 아주 소중하게 다루어야 한다. 고객이 무슨 말을 하든 절대 그 흐름을 끊는 말이나 행동을 해서는 안 된다. 일부 세일즈맨들이 중간에 끼어들어서 상관도 없는 질문을 하거나 제품 정보를 늘어놓으면서 목적 질문이 만들어내는 마법 같은 주문을 중단시키는 모습을 볼 때면 나는 흠칫 놀란다. 그들은 뭔가를 알아낼 수 있고, 고객과 연결될 수 있는 기회를 놓치는 것이다.

고객이 자기 목적을 설명하는 동안 당신은 고객의 답변 중에서 광범위한 단어들이 있는지 잘 살펴보아야 한다. 머릿속으로 그런 말들을 찾으면서 한편으로는 애매모호하거나 감정이 이입되어 있거나 비하하는 듯한 말은 없는지 귀 기울여야 한다. 그런 말들이 나오면 고객에게 좀 더 자세하게 묻는다. 어느 정도 시간을 할애하여 물어본 다음에는 다시 고객의 목적을 정밀하게 탐색하는 과정을 계속한다.

대화란
고객으로부터 정보를 얻고
또 고객에게 정보를 제공하는 방식이다.

일반적으로 목적 질문에 지나치게 오랜 시간을 할애할 수는 없다. 고객의 반응을 잘 살펴보면서 그 내용을 바탕으로 좀 더 자세하게 파고들어가야 하기 때문이다. 예를 들어 고객이 "우리는 해외시장에 새롭게 진출하려고 하는데 현지에서 인력을 구하고 싶습니다."라고 말한다면 일단 이러한 목표를 인정해야 한다. 그 다음에 그 '해외사업'이라는 것이 무엇인지를 좀 더 자세히 알아본다. 고객의 말을 경청하고 계속해서 맞장구를 치며 인정해주고 또 새로운 시장에 관한 내용과 현지에서 인력을 구하려는 이유에 관해 더 많은 것을 파악할 수 있도록 정밀하게 탐색해야 한다. 혹시 고객이 "우리 회사가 추구하는 중요한 목표 중 하나는 …년까지 …업계 5위권 안에 진입하는 것입니다."라고 한다면 일단 맞장구를 쳐준 다음 그러한 목표를 세운 이유가 무엇인지, 또 왜 그때를 목표시점으로 잡았는지 등을 좀 더 자세히 탐색한다. 고객이 "우리 회사는 이번 인수 건에 관해 협력업체를 물색하고 있습니다."라고 말한다면 고객이 말하는 협력업체가 무엇을 의미하는지, 또 왜 협력업체라는 전략을 채택했는지, 그리고 고객이 인수하려고 염두에 둔 후보가 있는지를 탐색한다. 목적 질문에 대한 대답을 얼렁뚱땅 흘려들으면 중대한 정보를 놓칠 것이다.

니즈를 파악하기 위한 대화에서 적용되는 경험법칙은 다음 질문으로 넘어가기 전에 목적에 관련된 고객의 말에 적어도 한

번 이상 수긍해주고 더 자세한 내용을 알아보아야 한다는 것이다. 좀 더 많은 것을 알아보려는 상황에서 고객의 말에 수긍하는 것은 고객이 좀 더 적극적으로 대답할 수 있게 북돋워주기 때문이다.

일단 고객이 설명한 목적을 파악하고, 또 그것을 자세히 탐색해보았다면 혹시 그 외에 다른 목적은 없는지 점검하고, 있다면 그것에 관해서도 자세히 알아봐야 한다. 예를 들어 "…가 중요하다는 것은 잘 알겠습니다. 특히 …와 관련해서는 아주 중요하지요. 제가 그런 내용을 충분히 이해할 수 있도록 자세히 알려주셔서 감사합니다. 혹시 다른 목적도 가지고 계신지요?"라고 말할 수 있다. 고객이 더 이상 다른 목적은 없다고 직접 말하기도 전에 당신이 먼저 나서서 행동 2로 넘어가서는 안 된다. 만일 고객이 여러 개의 목적을 한꺼번에 설정한다면 그러한 니즈들 간의 우선순위를 파악하려 들기 전에 먼저 각각의 목적에 관해 가능한 한 철저하게 탐색해야 한다.

많은 세일즈맨들은 가장 처음에 어떤 질문으로 대화를 시작해야 할지 확신을 가지지 못한다. "…에서 지금 무슨 일을 하십니까?" 혹은 "매월 사용하는 …의 양은 얼마나 되는지요?" 하는 식으로 기술적인 질문을 첫 질문으로 던지는 경우도 종종 있다. 그런 것들도 좋은 질문이기는 하지만 그런 식의 질문은 너무나 폭이 좁기 때문에 가장 좋은 질문이라고는 할 수 없다. 자세하게 탐색을 하기도 전에 곧바로 정보를 들이대는 것보다는 어떤 질문이라도 하는 것이 낫긴 하지만 좀 더 깊이 니즈에 관한 대화를 나누기 위한 출발점으로 기술적인 질문을 하는 것은 그야말로 너무나 기교적이다. 목적이라는 큰 틀에 관한 질문으로 시작해야 한다.

### 행동 2  현재 상황에 대해 질문한다

일단 큰 그림을 이해했다면 이제는 세부사항으로 넘어갈 때이다. 다음과 같이 질문한다

"현재는 …에서 어떤 일을 하고 계십니까?"
"현재는 어떤 식으로 …를 하고 계십니까?"

그런 다음 고객의 대답을 잘 새겨듣고서 수긍을 해두고 더 자세히 알아본다. 고객의 만족도를 알아보기 위해서는 좀 더 자세히 탐색해야 한다. 예를 들어 당신이 현재의 상황에 관해 물어보았더니 고객이 "몇 가지 시도해봤는데 결과가 별로 만족스럽지 못했습니다. 아주 곤혹스러운 상황이에요. 사실은 그래서 다른 몇몇 회사들과 접촉하고 있는 중입니다."라고 대답한다면 당신은 이렇게 말할 수 있다.

"정말 실망스러우시겠어요(공감/수긍). 이 일에 관해 이야기를 나눌 기회가 되어서 정말 다행입니다. 사실은 저희 회사가 이쪽 분야에선 정말 눈에 띄는 성공을 거두고 있거든요. 저희가 어떤 식으로 도움을 드릴 수 있을지 알아보려고 하는데, 지금까지 어떤 것들을

시도해보셨나요?"

그런 다음 그것들이 어떻게 진행되었는지, 또 고객이 변화시키고자 하는 부분은 어떤 것인지 알아내기 위해 좀 더 자세히 파고들어야 한다. 또한 고객이 먼저 경쟁사에 관한 이야기를 꺼냈으므로 "다른 회사 이야기를 꺼내셨는데요. 어떤 생각을 가지고 계신지 궁금해서 그러는데, 어느 회사들과 접촉하고 계신지요?"라고 물어볼 절호의 기회로 삼을 수 있다.

한 마디 한 마디
고객이 좀 더 깊이 들어가면,
한 마디 한 마디
당신도 좀 더 자세히 파고든다.

### 행동 3  기술적인 관련 질문을 한다

일단 고객의 현재 상황을 파악했다면 이 대화를 자연스럽게 이어가면서 기술적인/제품관련 핵심 질문을 던지는 것은 당신의 능력에 달려 있다. 예를 들어 "…를 얼마나 보유하고 계십니까?", "…는 어떤 종류들을 보유하고 계신가요?", "…는 어떤 식으로 구성되어 있나요?"와 같은 식이다. 현재 상황이나 우선순위, 선호도 등을 파악하는 데 필요한 모든 자료들을 알아낼 수 있다면 당신 회사가 제시 가능한 역량을 극대화할 수 있을 것이다.

> 당신이 제시하는 방안에
> 고객이 열광할 수 있도록 만들려면
> 당신이 먼저 그들의 니즈에 관해
> 열의를 가지고 임해야 한다.

**행동 4** 장래의 니즈와 사적인 니즈에 관해 질문한다

## 장래 니즈

이쯤 되면 이제 당신 회사의 제품이나 아이디어에 관한 이야기를 시작해도 괜찮지 않을까 하는 생각이 들 것이다. 하지만 조금만 더 면밀히 탐색한다면 두 가지 이점을 가질 수 있다. 우선은 당신이 거래 자체에만 눈독을 들이고 있는 것이 아니라 관계를 중요시한다는 인상을 심어줄 수 있다. 둘째는 좀 더 많은 정보를 입수함으로써 머지않아 일어날 상황에 대한 그림을 그릴 수 있으므로 한층 섬세하게 조율되고 차별화된 대책을 제시할 수 있다.

예를 들어 이렇게 질문한다. "저희가 추천해드리는 내용에 영향을 줄 가능성이 있는 변화가 장차 일어날지도 모르니, 그런 것들을 미리 고려할 수 있도록 앞으로 어떤 일이 계획되어 있는지 알려주시면 안 될까요?"

절차에 따라서 필요한 정도까지 계속해서 수긍하고 좀 더 탐색한다. 임박한 니즈에서 더 나아가 그 이상으로 면밀하게 탐색하려면 노력과 인내심이 필요하다. 하지만 그러기 위해 몇 분의 시간만 더 들인다면 거기서 돌아오는 대가는 훨씬 더 클 것이다.

### 사적인 니즈

다음으로 이제는 사적인 니즈를 탐색하여 고객과 더욱 결속을 다지고 추가적인 통찰을 얻을 때이다. 고객은 자신이 원하는 것이 무엇인지 이해하고 자신이 당면한 상황에 관심을 가지는 것으로 보이는 세일즈맨에게 구매하게 된다. 고객은 지금 시장점유율에서 앞장서려는 의도를 가지고 있는가? 고객은 끈질긴 협상 상대로서 새로이 자리매김하고 싶어 하는가? 고객에게 지금 변화를 구현하는 일이 중요한가? 고객의 업무가 어정쩡한 상태인가? 고객이 사적으로 어떤 의도를 품고 있는지 어림짐작하여 공연히 앞서 나가지 말아야 한다. 고객이 어떤 방안이 나은지 선택할 때는 업무적인 니즈뿐만 아니라 사적으로 자신을 유인하는 요소들까지 동시에 고려하기 때문이다.

사적인 통찰을 얻으려면 기교와 감각, 그리고 고객이 당신에게 선사하는 탐색의 기회를 낚아챌 수 있는 능력까지 갖추어야 한다. 대부분의 경우 사적인 동기에 관하여 직접적으로 묻거나 공격적으로 질문하지 않는 것이 좋다.

고객은 단어와 어조, 몸짓으로 자신의 행동을 유도하는 요소가 무엇인지 당신에게 알려준다. 어떤 단어를 강조하거나 특정 구절을 꼬집어 말함으로써 암시를 주는 경우가 많은데, 당신은 그것을 포착하여 자세히 파고들어야 한다. 예를 들어 한 고객이

"나는 이것을 엄청 많이 타봤어요."하면서 '엄청 많이' 라는 구절에서 비웃듯이 말했다고 치자. 이런 경우 "제가 알기로는 이건 고객께 아주 중요한 부분인데요. '엄청 많이 타봤다' 고 말씀하신 것은 어떤 방식으로 타보셨다는 뜻인지요?"라고 질문하면 공감하는 마음과 관심을 동시에 표현할 수 있다. 또한 고객이 사적으로 어떤 의도를 품고 있는지도 알 수 있고, 사적인 유대감을 강화할 수도 있다.

고객이 사적인 동기가 무엇인지 자세히 알아볼 여지를 주지 않는 경우라도 당신이 먼저 적극적으로 질문할 수도 있다.

**"저는 이번 건에 얼마나 초점이 모이고 있는지 압니다. 귀하께 가장 중요한 부분은 무엇인지요?"**

이러한 질문을 말로 표현할 때는 조심스럽게, 때로는 간접적으로 해야 한다. "밤늦게까지 고민하시는 이유가 무엇인가요?"라는 식으로 대놓고 물어보지는 말아야 하는데, 이는 고객이 방어적인 자세로 변할 수 있기 때문이다. 실제로 많은 세일즈맨들이 이런 식으로 질문하는 것이 현실이지만 이것은 너무나 사적이면서 한편으로는 어림짐작으로 넘겨짚는 식의 질문이 될 수도 있다. 어쩌면 그 고객은 밤늦게까지 고민하기는커녕 너무나 잠을 잘 자고 있는지도 모르는 일이다.

요약하자면 유능한 세일즈맨은 통찰을 얻는 방법을 터득하고 있다. 주의 깊게 귀를 기울이고 고객이 하는 말에 수긍하면서 설득력 있는 대책을 제시할 수 있을 때까지 충분히 탐색을 계속해야 한다.

**표면적으로 드러나는 니즈 이상의 것을 파악하려면 더욱 깊이 파고들어야 한다.**

## 이행 질문

목적과 현재의 상황 등에 관하여 질문을 하는 동안 이행에 관한 정보도 얻을 수 있을 것이다. 이행에 관한 정보에는 당장 구매 결정에 영향을 미칠 수 있는 여러 상황들에 관한 정보는 물론이고 고객의 의사결정 과정이나 일정 계획, 예산이나 고객이 고려하고 있는 경쟁업체는 어디인지와 그들에 대해 가지고 있는 견해, 또한 상대적으로 당신 회사에 대한 느낌에 대한 것까지도 알아낼 수 있다. 예를 들어 고객이 자신의 목적에 관하여 설명하는 중간에 일정 계획이나 목적에 영향을 미칠 최근 동향에 관한 내용이 포함될 수 있다. "우리는 …를 하려고 합니다. 또 2/4분기까지는 이 시스템을 도입해야 되는데 그건 …때문입니다."라고 말하는 경우가 그런 것이다.

하지만 대화 도중에 이행에 관한 정보가 전혀 논의되지 않았을 경우라도 당신이 먼저 적극적으로 물어보는 것이 중요하다. 예를 들어,

- **의사결정 과정** : "이전 건을 돌이켜봤을 때 그 외에 의사결정 과정에 간여한 사람은 또 누가 있을까요?"
- **경쟁업체** : "무슨 생각을 하시는지는 잘 알겠습니다. 지금 어떤 종류의 일들을 고려하고 계시는지도 알겠고요. 그 외에는 또 어떤 업체와 이야기가 진행되고 있나요?"
- **일정 계획** : "고객께서 기대하시는 바를 충족시킬 수 있도록 참고 삼아 여쭤보자면, 일정 계획이 어떻게 되십니까?" 또는 "X라는 시간은 확정된 것이라고 하셨는데 그 말은 충분히 이해하겠습니다만 왜 그날로 정하셨는지 여쭤도 될까요?"
- **예산** : "오늘 제가 제안서를 구성하는 데 있어 고객께서 무슨 생각을 하고 계신지는 감을 잡았습니다만 예산을 얼마나 확보하고 계신지요?"

이와 같이 당신이 던지는 질문을 통해 고객의 마음을 분명하게 들여다볼 수 있다.

## 추가 방문을 통한 탐색

당신이 쓸모 있는 제품과 서비스를 판매하고 있다면 고객이 이미 그에 관해 알고 있을 가능성이 많으며, 또한 세일즈 과정이 지속되는 동안 계속해서 더 많은 것을 알아낼 것이다. 그러므로 당신은 고객이 무엇을 알고 있는지, 어떻게 생각하고 있는지, 또 그들에게 판매를 하려면 무엇을 해야 할지 지속적으로 파악해 나가야 한다. 그런 식으로 세일즈 과정 내내 꾸준하게 탐색을 계속하지 않는다면 어느 순간 예기치 않은 상황에 부딪쳐 당황할 수도 있다.

분명한 것은 앞서 언급했다시피 추가적으로 판촉 방문을 했을 때는 이미 한번 다져놓은 땅을 다시 밟을 필요는 없다. 하지만 고객의 니즈와 지식은 계속 변화하기 마련이므로 지속적으로 탐색하면서 새롭게 달라진 것은 없는지 폭넓게 귀 기울일 필요가 있다. 세일즈 주기가 지속되는 동안 고객은 자신의 니즈에 대해, 또 선택할 수 있는 대안으로 어떤 것들이 있는지에 대해 더욱 잘 알게 된다. 고객이 인터넷을 검색할 수도 있고 다른 경쟁업체와 접촉할 수도 있다. 따라서 만날 때마다 탐색하고 경청해야만 최신 정보를 갱신할 수 있고, 고객에 대한 전력투구를 강화할 수 있으며 관심을 이끌어낼 수 있다.

추가 방문에서는 질문을 통하여 다음과 같은 결과를 얻을 수 있다.

니즈에 관한 이해를 새롭게 한다.
새로운 정보를 얻는다.
피드백을 받는다.
어떤 부분을 강조해야 할지 파악한다.
달라진 부분을 파악한다.
새롭게 달라진 우선순위를 이해한다.
새롭게 영향을 미치게 된 사람들이나 새롭게 의사결정에 영향을 미치는 사람들을 찾아내고 그들의 의견을 구한다.

## 구상, 준비, 심화

여기에 소개한 대로라면 당신은 아마도 평소에 하던 것보다 훨씬 더 많은 시간을 탐색하는 데 할애하게 될 것이다. 그러므로 고객과 세일즈맨 양쪽 모두가 탐색이라는 과정을 친근하게 느낄 효과적인 질문 전략을 제시할 필요가 있다.

질문이라는 과정을 예술적 경지에까지 끌어올리는 동시에 고객과의 대화를 내실 있게 만들어줄 탐색 기법이 세 가지 있는데, 이들을 각각 독자적으로 이용하거나 또는 서로 결합하여 활용할 수 있다.

그 세 가지 기법은 다음과 같다.

- 구상
- 준비
- 심화

### 구상

질문을 할 때는 개방형 질문 또는 폐쇄형 질문으로 구상을 할 수 있다. 대부분의 세일즈맨들은 자기가 던질 질문을 구상해야 한다는 사실을 알고 있으므로, 질문은 대개 개방형이나 폐쇄형으로 이루어진다. 개방형 질문이란 무엇, 왜 등의 의문사로 시작되는 질문으로, 주제에 관하여 알아볼 수 있도록 해주며 고객과의 대화를 내실 있게 만들어주는 효과가 있다. 폐쇄형 질문은 '예' 나 '아니오' 로 한정된 답변만을 이끌어낼 수 있다. 확정적인 답변을 원할 때는 폐쇄형 질문을 한다. 예를 들어 어떤 특정 조치를 요구한다든가 하는 경우이다. 하지만 개방형 질문이 대화를 더욱 풍성하게 만든다는 것을 기억해야 한다.

## 준비

준비란 고객이 질문에 대비하도록 만들어서 더욱 완벽한 답변을 이끌어낼 수 있는 효과적인 기법을 뜻한다. 고객에게 어떤 이득이 돌아가는지 설명하거나 고객이 한 말이나 고객과 관련이 있다고 판단되는 사실에 대해 수긍하거나 강조하면서, 또는 고객과 서로 정보를 주고받는 한편 당신이 알고 있는 내용을 소개하면서, 말하자면 '초소형 광고' 와도 같이 당신 회사나 제품의 강점을 제시하는 방식으로 질문에 대한 준비를 할 수 있다.

**고객에게 돌아가는 혜택을 설명하면서 준비 :**
이 부분에서 우리가 지원해드릴 수 있는 방법이 무엇인지 더 잘 알겠습니다. 그런데 …는 무엇입니까?

**수긍하면서 준비 :**

이미 몇 가지 건들을 시도해보셨다고 말씀하셨습니다. 그런데 어떤 종류의 것들을 시도해보셨는지요?

**정보를 교환하면서/당신이 알고 있는 정보를 제시하면서 준비 :**

…를 원하시는 고객들은 우리 회사의 …를 일부 활용함으로써 … 분야에서 규모가 성장하고 있는 것으로 파악되고 있습니다. 그런 측면으로 고려했을 때 고객께서 마음이 끌리는 것은 어느 부분입니까?

**'초미니 광고'로 준비 :**

X라는 기업에 대해 관심을 표명하셨지요. 저희 회사는 5년간 그 회사와 긴밀한 관계를 유지해왔습니다. 그 회사의 어떤 부분에 관심이 있으신지요?

당신에게 돌아오는 이익이 아니라 고객에게 어떤 혜택이 돌아가는지를 제시함으로써 당신이 고객에게 귀를 기울이고 있으며 고객의 가치를 더욱 높여주고 싶어 한다는 사실을 보여줄 수 있다. 또 고객의 말에 수긍함으로써 경청하고 있다는 사실을 표현할 뿐 아니라 고객의 말을 존중하고, 관심을 가지고 있음을 표현한다. 그렇다고 꼭 동의할 필요까지는 없다. 정보를 서로 교환하면 당신이 아는 지식과 경험들을 제시할 수 있고 고객의 반응을 촉진할 수도 있다. 당신 회사의 강점을 간략하게 제시한다면 당신에 대한 신뢰를 구축할 수 있고, 고객의 반응을 활발하게 유도할 수도 있다.

## 심화

심화는 대화에 깊이를 더하는 기법이다. 이를 통해 고객의 니즈와 생각을 모두 파악할 수 있다. 예리하게 경청하는 것이 심화의 핵심요소이다. 심화라는 기법을 제대로 구현하려면 당신이 가진 아이디어와 다음 질문을 잠시 접어둘 수 있어야 하므로 인내와 노력이 필요하다. 또한 여기에서는 정말로 더 많은 것을 알고자 하는 진정한 호기심을 가질 때 더욱 강력한 효과를 발휘할 수 있다.

심화를 위해서는 몇 가지 질문이 필요할 수도 있다. 예를 들어 만일 고객이 몇 가지 대안을 시도해봤다고 말하는 경우 일단 수긍한 다음 그 대안들이 무엇인지 물어본다면 좀 더 깊이 탐색하면서 특정한 대안들을 발굴해낼 수도 있다. 그렇게 하면 당신이 추천하려는 대안을 더욱 설득력 있게 만들 수 있다.

심화라는 과정을 통해 화제가 너무 빨리 바뀌는 것을 막을 수도 있고 당신이 성공적으로 설득력 있는 답을 제시할 만큼 충분한 정보를 얻기 전에 성급하게 의견을 제시하는 실수를 방지할 수 있다. 어떤 세일즈맨은 자신이 제시할 방안을 도출해내는 데 필요한 중요한 심화 질문을 놓치고 지나갔다. 그러자 고객이 그 세일즈맨의 회사가 가진 제품이 독창적이거나 고객 맞춤형의 장점 같은 것이 있는지 물어보았는데, 이 세일즈맨은 그제야 자기 회사가 그 두 가지 측면 모두를 제공할 수 있는 유연함을 지니고 있다고 대답했다. 그러나 안타깝게도 그 세일즈맨은 고객이 그 두 가지 중에서 어느 쪽을 더 선호하는지 묻지 않았다. 물어보나 마나 너무나도 답이 뻔한 질문이라고 여겼던 것이다. 이와 같은 실수는 비일비재하다. 이런 흔한 실수를 피해 가려면 고객의 말을 경청하고 심화할 수 있는 훈련이 필요하다.

종종 고객의 생각이 분명하지 않은 경우가 있으므로 심화 과정이 필요하다. 고객의 말이 무슨 뜻인지 여러 가지로 해석할 수도 있으므로, 심화 질문을 하지 않으면 고객이 무슨 생각을 하는지 정확하게 알기 어렵다. 고객의 태도가 모호한 경우에는 그들의 마음을 그저 짐작할 수밖에 없는 것이다. 아주 협조적인 고객이라 해도 당신의 질문에 제대로 답하지 않을 때도 있다. 따라서 심화 질문을 하지 않으면 필요한 정보를 얻지 못할 수도 있다. 예를 들어 한 세일즈맨이 고객에게 이렇게 물어보았다. "…에 대한 목적이 무엇입니까?" 고객이 대답했다. "우리는 세계 일류가 되고자 합니다." 그 세일즈맨은 심화라는 기법을 터득하고 있었기에 바로 다음 질문으로 넘어가는 대신 머릿속으로 '세계 일류'라는 말을 염두에 두었다가 나중에 그 의미를 더 깊이 알아보았다.

요즘은 고객들이
더 많은 사실을 알고 있기 때문에
당신은 더 많은 것을 물어보고
더 적게 말해야 한다.

## 질문의 어조

당신이 어떤 어조로 물어보는지에 따라 돌아오는 답변이 달라질 수도 있다. 준비라는 과정을 통해 고객은 물론 당신 스스로도 그 질문에 대해 편안한 마음을 가질 수 있다. 단정적이거나 이기적인 말투와는 반대로 진심 어리고 관심이 묻어나며 호기심이 느껴지는 어조로 말하면 대화의 분위기가 고조된다. 예를 들어 고객이 X라는 일을 했다고 말하는 것을 가정할 경우, 그것이 최선의 시도가 아니라고 생각하더라도 당신은 "존, 당신이 이것을 어떻게 활용하려는지 알겠어요. 그런데 X를 선택했을 때 무슨 생각을 가지고 있었는지 물어봐도 될까요?"라는 식으로 질문하도록 노력해야 한다. 이렇게 하면 당신이 필요로 하는 정보도 얻을 수 있고 라포르를 유지하는 데도 도움이 된다. 이와는 대조적으로 "왜 그러셨어요?"라는 식으로 단정적인 어조로 말하면 서로 간의 소통이 단절될 것이다.

### 당신은 대개 '주는' 편인가 혹은 '받는' 편인가?

## 당신이 깨달은 바를 소개한다

당신이 질문을 던지는 방식이 세련되어질수록 그 질문은 더욱 완벽하고 짜임새 있는 모양을 갖추어갈 것이다. 그러면 당신도 수월해지고 동시에 고객 역시 편안하게 느낄 것이다. 또 그렇게 되면 대화 도중에 곤혹스럽게 침묵이 흐르는 일도 예방할 수 있다. 짧은 몇 초 간의 침묵은 매우 효과적일 수도 있다. 하지만 때로 세일즈맨들은 다음에 어떤 질문을 해야 할지 몰라 당황하면서 탐색과정을 끝내버리고는 자기 견해를 제시하기 시작하거나 회의를 서둘러 마무리 지어버리기도 한다.

질문과 경청은 세일즈라는 전쟁에서 절반을 차지하는 부분이다. 나머지 절반은 대책을 수립하고 제시하는 과정에서 지금까지 모은 정보를 낭비하지 않는 일이다. 메모를 잘 해두면 기존에 얻은 정보의 효과를 극대화할 수 있다. 메모는 방문 도중은 물론 방문 이후에 다음 방문을 준비할 때, 그리고 실수 없이 추가 조치를 취하기 위해서도 중요하다.

언제 어떤 방식으로 질문을 해야 되는지 훈련해둠으로써 당신이 고객과 나누는 대화의 본질 자체가 달라질 수도 있다. 당신은 더 많은 것을 알아낼 수 있고, 고객은 의견을 피력할 시간을 더 많이 가질 수 있다. 그런 분위기를 이어가다가 당신이 말을 하면 고객은 당신의 말에 더욱 귀를 기울일 것이고, 당신의 말은 훨씬 더 설득력을 발휘할 것이다. 어떤 고객은 이렇게 말한다. "나는 세일즈맨이 하는 질문만 들어봐도 그가 나에게 관심이 있는지를 알 수 있습니다."

질문과 경청을 하는 데 더 많은 시간을 할애하다 보면 고객의 말을 끝맺음하려고 애쓰느라 소요되는 시간이 줄어들 것이다.

**말하기/듣기의 비율을 바꾸어야 한다.**

---

### 2단계 : 탐색

행동 1 : 목적 질문
행동 2 : 현재 상황 질문
행동 3 : 기술적인 질문
행동 4 : 장래의 니즈와 사적인 니즈에 관한 질문

## 탐색 사전 계획표

고객 : _____  날짜 : _____

방문 목적 : _____

☐ 목적 질문

---

☐ 현재 상황 질문

---

☐ 기술적인 질문

---

☐ 장래 니즈와 사적인 니즈 질문

## 탐색 사후 보고서

고객 : _____   날짜 : _____

방문 목적 : _____

|  | 예 | 아니오 | 특이사항/행동 단계 |
|---|---|---|---|
| **목적질문** | ☐ | ☐ | |
| ▶ 목적 질문을 했는가<br>▶ 수긍하고 더 깊이 알아 보았는가<br>▶ 다른 목적들을 설정했는가 | | | |

|  | 예 | 아니오 | 특이사항/행동 단계 |
|---|---|---|---|
| **현재 상황 질문** | ☐ | ☐ | |
| ▶ 현재의 상황을 탐색했는가<br>▶ 수긍하고 더 깊이 알아 보았는가 | | | |

|  | 예 | 아니오 | 특이사항/행동 단계 |
|---|---|---|---|
| **기술적인 질문** | ☐ | ☐ | |
| ▶ 목적 질문을 하였는가<br>▶ 수긍하고 더 깊이 알아 보았는가 | | | |

| 탐색 사후 보고서(계속) | | | |
|---|---|---|---|
| | 예 | 아니오 | 특이사항/행동 단계 |
| 장래 니즈와 사적인 니즈 질문 | ☐ | ☐ | |
| ▶ 장래의 니즈를 설정했는가<br>▶ 수긍하고 더 깊이 알아보았는가<br>▶ 사적인 동기를 분명하게 정했는가 | | | |

❑ 2단계 탐색을 계속할 것인가 아니면 3단계 유인으로 넘어갈 것인가?

▶ 2단계에서 좀 더 노력한다

▶ 3단계로 넘어간다

## 판촉 방문의 기반

질문들 :

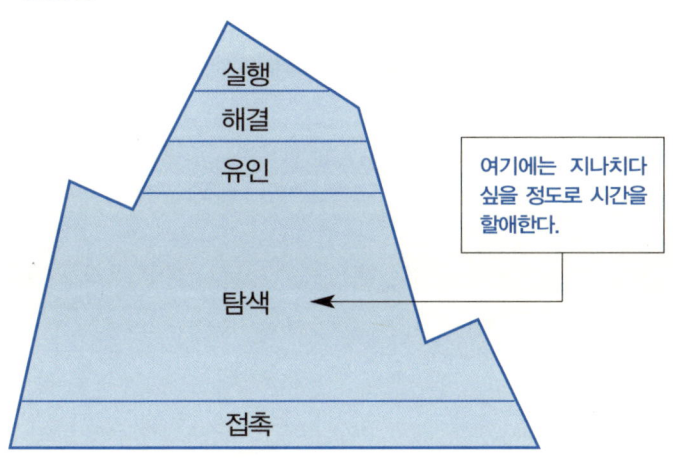

3단계

# 유인

당신이 하는 말은
단순한 제품을 해결책으로
변화시킬 수 있는 힘을 발휘한다.

## 제품에서 해결책으로

　고객의 말에 귀를 기울임으로써 고객이 당신의 말에 귀를 기울이려는 마음가짐을 가지도록 할 수 있다. 니즈에 관하여 철저하게 파악하면 완벽한 판촉 방문의 과정에서 다시 한 번 전환점에 설 수 있다. 당신이 어떤 방식으로 고객의 니즈를 만족시킬 것인지 제시함으로써 당신의 능력을 보여줄 수 있는 때가 온 것이다. 이제 당신이 지닌 가치를 말로 표현할 수 있는 때가 되었다. 판촉 방문의 과정에서 유인이라는 단계는 당신이 하는 말의 전부까지는 아니더라도 그 대부분을 표현하는 시기이다. 이때 핵심이 되는 것은 고객의 말을 활용해야 한다는 점이다.
　'참고적인' 이라는 말과 더불어 세일즈 분야에서 가장 빈번하게 오용되는 단어가 바로 '대책'이라는 말이다. 대개의 경우 '대책'이라고 칭하는 것은 표준적인 제품의 수준으로 귀착되기 마련이다. 물론 대책을 마련하는 데 근본이 되는 것은 당신 회사가 제공하는 제품의 자질과 이점이 고객의 니즈에 얼마나 부합되는가 하는 점이다. 하지만 당신이 어떤 말로 제품을 자리매김하느냐에 따라서 그 제품이 대책으로 탈바꿈할 수도 있고, 당신이 고객의 말에 귀를 기울였으며 그들의 니즈에 부합할 수 있는 사람이라는 사실을 고객에게 확신시켜줄 수도 있다.

**제품을 해결책으로 전환하는 것은
대화가 아니라 번역이다.**

사람들은 누구나 기업이 제품을 판매한다는 사실을 알고 있다. 하지만 고객은 대책을 사려는 것이다. 당신 회사가 제시하는 자질과 이점을 고객이 의사결정을 하는 데 참고가 될 만한 사실들로 제시해야 한다. 그런데 고객이 실제 행동으로 옮기려면 단순한 사실 이상의 것이 필요하다. 기술적인 관점에서 최선의 해결책이면서 심지어 가격 면에서 비교 우위에 있는 제품이라고 해도 반드시 성공한다는 보장은 없다는 사실을 우리 모두 알고 있다. 의사결정을 한다는 것은 부분적으로 감성적인 측면이 작용하기 때문이다. 대개의 경우 고객들은 올바른 결정이라는 생각만이 아니라 올바른 결정이라는 느낌까지 들어야만 만족하기 때문이다. 따라서 이성적인 생각에만 의존해서 팔 것이 아니라 육감 내지 느낌이라는 감성적인 측면까지 고려해서 세일즈가 이루어지도록 하는 것이 당신의 역할이다. 당신이 제시하는 기술적인 해결책 이외에 당신이 고객의 니즈에 맞추어 제시하는 친밀감을 느껴야 고객은 당신에게서 제품을 구매할 것이다. 그러니 그저 니즈를 파악하는 것만으로는 부족하다. 고객의 니즈를 하나로 융합하여 당신 회사 제품을 추천하는 말 속에 배어들도록 하는 능력이 단순한 제품을 해결책으로 탈바꿈시키는 데 있어 핵심적인 부분이다.

세일즈맨이 자신의 모든 능력을 십분 이끌어내는 경우는 매우 드물다. 고객의 니즈를 파악하는 데 그렇게 애를 쓰다가 제품을 설명할 때는 마치 그때까지 고객과 전혀 대화를 나누지도 않았던 것처럼 말하는 세일즈맨들이 허다하다. 고객의 니즈를 자신의 말 속에 융합시키지 못하고 자기가 처음 회의 장소로 들어갈 때 머리 속에 담고 있던 말 그대로만 제품을 설명하는 것이다. 단순한 제품을 해결책으로 탈바꿈시켜 말한다는 것은 결코 만만한 일이 아니다. 이것은 대화라고 보기 어렵다. 오히려 번역이라고 할 수 있다. 일단 당신의 제품이 어떤 식으로 고객의 니즈에 부합되는지 깨달았다면 이제 그러한 사실을 해결책이라는 형태로 제시하는 것이 바로 당신의 일이다.

당신이 제시하는 해결책으로 유인하기 위해 세 가지 행동을 활용한다.

---

**유인을 위한 세 가지 행동**

**행동 1** : 해결책 제시
**행동 2** : 고객 맞춤형 해결책 설명
**행동 3** : 요약과 점검

### 행동 1  당신이 가진 해결책을 제시한다

자급자족형 구조를 가진 것이 설득력을 지닐 것이다. 그러므로 상세한 내용으로 넘어가기 전에 짜임새 있게 전체적인 내용을 훑어보면서 해결책을 제시하는 식으로 말문을 열어야 한다. 당신이 밝혀낸 고객의 니즈를 뒷받침할 수 있는 해결책에서 핵심이 되는 부분들을 모두 골라서 주제어로서 포함하는 내용을 간략하고도 짜임새 있게 만들어야 한다.

간략하게나마 핵심 요소들을 빠짐없이 짚어줌으로써 고객이 당신의 말에 귀를 기울이도록 만들 수 있으며, 당신이 제시하는 해결책에는 고객의 니즈가 모두 다 고려되어 있다는 사실을 고객에게 알려줄 수도 있다. 뿐만 아니라 당신이 고객의 곁에 자리하고 고객이 그 해결책을 실행하고 이해하는 데 도움을 줄 것이라는 인상을 심어줄 수도 있다. 고객의 말을 수긍함으로써 고객의 말에 귀를 기울인다는 인상을 강하게 만들고 또한 니즈의 모든 요소들을 빠짐없이 해결책 속에 반영함으로써 그 해결책이 완벽하다는 사실을 알리는 셈이 된다.

예를 들어 당신이 제시하는 해결책이 두 가지 부분으로 구성된다면 "저는 X와 Y가 고객께 얼마나 중요한지 잘 알고 있습니다. 특히나 그 두 가지를 고객의 일정계획에 차질이 없도록 완료

하는 일이 중요하다는 사실도 절감합니다. 저희가 그동안 축적해온 경험에 의하면 …(고객의 목적)을 위해서 추천해드릴 만한 것이 두 가지 있습니다. 첫 번째는 …(이점)을 얻을 수 있는 …를 …하려는 것인데, 그와 동시에 …를 이행하고 그 뒤에 …하려고 합니다. 그렇게 하는 이유는 귀하의 …(고객의 니즈에 연관시킨다)를 위해서입니다."

"말도 변화에 영향을 미칠 수 있는 일종의 행동이다."
—잉그리드 버지스

다음으로는 어떤 것을 다룰 것인지에 관해 핵심 내용만을 간단하게 밝혀야 한다. 고객의 니즈에 맞추어서 그 핵심 내용들의 우선순위를 정한다. 그런데 대부분의 세일즈맨들은 이와 정반대로 하고 있다. 많은 이들이 잠시 후 발표하려는 내용에 관한 개략적인 설명은 건너뛰고 곧바로 자신이 제시하는 해결책을 들이댄다. 이어지는 내용을 개괄해주지 않으면 고객들은 어떤 내용인지 짐작할 수도 없고, 또 그 해결책이 자신에게 얼마나 잘 들어맞는 것인지 또는 연관성이 있는지 감을 잡을 수 없다. 이런 경우 고객이 합리적으로 대답할 수 있을 만큼 충분한 정보를 제공하지 않은 셈이므로 아직까지 피드백을 요구할 수도 없는 상황이다.

"저희는 …를 제안하는 바입니다."라든가 "우리 제품은…"과 같은 식으로 당신의 제품에 관한 말들로 시작하기보다는 "X와 Y에 관한 귀하의 니즈에 대해 지금까지 이야기를 나누었는데요…."라는 식으로 이끌어 나가는 것이 훨씬 더 설득력 있다. 고객의 니즈에서 시작해서 모든 문장에 고객의 니즈에 관한 내용이 배어들도록 말해야 한다. '귀하'라는 말을 사용하는 데 절대 인색해서는 안 된다.

당신이 하려는 말에서 내용의 우선순위를 정하여 짜임새 있게 전달하면 고객은 당신이 자신의 말을 경청했고 해결책을 파악했으며 마음까지도 파악하고 있다는 사실을 분명하게 알아차릴 수 있다. 그런데 고객 또한 그 해결책을 받아들인다면 훨씬 더 좋지 않겠는가.

그러면 다음 두 유형의 차이점을 찾아보자.

틀에 박힌 유형 :
"저희 회사의 고객지원센터는 본사에 위치하고 있으며 고객 서비스 문제에 관한 모든 것들을 마무리하기 위해 회계 담당자들이 헌신적으로 일하고 있습니다. 또 각 고객 한 분당 한 사람의 전담 직원이 배치됩니다. 저희 회계 담당 직원들과 연락하려면 전화나 팩스 또는 이메일을 이용하시면 되는데, 저희 직원들은 회사의 모든

재원을 연중무휴 하루 24시간 활용할 수 있습니다. 또한 저희는 소규모 지원 팀도 운영하고 있습니다." 이런 것은 그야말로 틀에 박힌 말로서 온통 저희, 저희, 저희라는 말투성이다.

고객 맞춤형 :
"모든 고객 관련 업무, 특히나 …를 신속하고 효율적으로 마무리하는 일이 귀하께 얼마나 중요한지 잘 알고 있습니다. 또한 연중무휴, 하루 24시간 고객께 책임을 지고 헌신할 수 있는 사람을 알고 있다면 그와 같이 시간이 지체되는 일은 예방하는 것이 매우 중요하다는 사실 역시 이해하고 있습니다(니즈). …를 확실하게 보장하기 위해서 저희가 할 수 있는 일은 세 가지입니다. 첫째는 저와 아주 긴밀하게 업무를 담당하고 있는 매우 헌신적인 회계 담당 직원이 귀하를 위한 …업무를 담당하도록(이점) 배치되어 전화나 팩스 또는 이메일로 연락이 가능한 상태로 대기할 것이라는 사실입니다. 다음으로 …를 하실 때 활용할 수 있는 소규모 지원팀을 추가로 이용하실 수 있습니다. 마지막으로 귀하께서 …를 위해 필요로 하시는 …를 제공할 수 있도록 저희 회사의 모든 재원을 전면적으로 이용하실 수 있습니다."

마지막 예문은 고객에게 맞춤형으로 만들어진 것으로 여기에서 주체가 되는 단어는 '귀하', 즉 고객이다. 이쯤 되면 좀 더 세부적인 내용을 제시할 만한 여건이 조성되었다고 할 수 있다.

일단 해결책의 핵심 요소들을 펼쳐 보인 다음에는 그 해결책을 구성하는 세부사항들 속으로 곧장 파고들어가도 괜찮다.

### 행동 2  당신이 가진 해결책을 고객에게 맞추어 설명한다

　해결책을 제시한 직후가 바로 당신이 개괄했던 내용들을 구체적으로 설명하기에 가장 좋은 때이다. 가장 시급한 니즈에서부터 시작해야 하며 고객의 상황에 맞추어 그것을 뒷받침할 수 있는 자질과 이점들을 제시해야 한다. 틀에 박힌 듯 단순히 자질과 이점을 설명한다면 그저 중립적인 입장에서 사실을 전달하는 것에 지나지 않는다. 고객의 상황에 맞춘 설명이야말로 고객의 결정을 촉진할 수 있는 동시에 설득력을 지닌다. 또 이렇게 맞춤형 해결책을 제시함으로써 당신이 고객의 말을 경청했다는 사실을 보여줄 수 있다.

　고객의 니즈와 우선순위, 고객이 사용하는 단어들을 분명하게 파악해야만 당신의 제품과 서비스를 고객의 상황에 따라 맞춤형으로 제시할 수 있다. 당신이 가진 해결책이나 아이디어를 발표하는 과정의 일부로서 연관되는 예시를 들어준다면 고객은 실제로 활용되고 있는 해결책을 이해할 수 있으므로 당신의 말이 훨씬 더 설득력 있게 들릴 것이다.

### 상대방을 고려하라

　고객들은 세일즈만을 외치는 분위기에 신물이 나 있을 것이다. 당신이 가진 권유사항이나 아이디어를 전달할 때 고객과 연관성이 있고 고객에게 중요한 의미를 지니는 내용을 말해야 한다는 사실을 명심하라. 당신이 제안하는 바를 고객의 상황에 맞게 만들어낼 수 있는 능력을 지니려면 꾸준한 노력을 기울여야 한다. 질문하고 또 경청하는 과정을 통해서 일단 준비가 되면 이제는 그러한 지식을 활용함으로써 당신이 하려는 말을 고객의 상황에 맞추어가는 일만 남는다.

당신이 제안하는 내용이 지니는 자질과 이점들은 대개의 경우 그럭저럭 잘 구성되어 있을 것이다. 하지만 그 내용을 전달할 때 당신이 어떤 방식으로 말하는지, 또 어떤 부분을 강조하는지, 그리고 어떤 단어들을 선택할 것인지는 당신에게 달려 있다. 그런 측면들이 좀 더 고객에게 잘 맞추어질수록 더욱 설득력 있게 들리게 된다.

설득에 성공하기 위한 공식은 다음과 같다.

| 제품 관련 지식 | 고객에 관한 지식 | 부가가치 | 설득력 있는 해결책 |
|---|---|---|---|
| 특성 | 목적 | 지식/연구 | |
| 이점 | 니즈 | 경험 | |
| 대안 | 선택의 기준 | 재원/네트워크 | 구매 결정 |
| 가치 | 기대치 | 관계 | |
| 사례 | 언어 | 절차 | |
| 성공담 | 정량적 가치 | 전략과 기법 | |

고객의 니즈를 당신 회사가 가지고 있는 해결책 속에 융합시킴으로써 당신이 고객에게 제안할 내용을 도출해낼 수 있다. 고객은 자신과 관련된 내용을 듣고 싶어 한다. 자신이 중요하다고 여기는 것들이나 자신이 세운 목표를 달성할 수 있는 방법 등에 관한 내용들 말이다. 당신이 지닌 능력을 보여줄 수 있는 가장 좋은 방법은 제품에 관한 지식을 뼈대로 삼고 고객의 니즈라는 맥락에 맞추어 부가가치라는 살을 덧붙여, 고객이 사용했던 단어를 활용하여 말로 전달하는 것이다.

판촉 방문의 전 과정 중에서 유인이 가장 전략적인 부분이라 할 수 있다. 세일즈를 성사시키기 위해서는 당신이 권유하는 내용이 고객의 니즈와 당신 회사의 니즈 모두에 부합되는 동시에 설득력을 가지도록 구성하는 방법은 무엇인지 판단할 수 있는 능력이 필요하기 때문이다.

탐색이 니즈를 찾아내는 과정이라면 유인이라는 과정은 판촉 방문의 핵심이 되는 부분이다. 또 접촉은 이와 같은 대화가 이루어질 수 있도록 준비하는 것이며, 해결은 그 과정에 놓여 있는 장애물을 제거하는 일이다. 그리고 실행은 앞으로 진행해 나아가는 과정이다.

당신의 역량을 어느 정도 보여주어야 하는가 하는 면에서는 간략해야 한다고 할 수 있다. 골디락스(Goldirocks, 완만한 인플레이션과 양호한 경제성장률 등으로 표현되는 경제이론-옮긴이) 이론에 따르면 너무 적지도 않고 너무 지나치지도 않으며 그저 적당하게, 알 필요가 있는 것인지 아니면 알면 좋은 것인지로 구별해서 생각하면 된다. 당신의 목적은 정서적 측면의 분위기를 긍정적으로 만들고자 하는 것이다. 그런데 그러기 위해서는 그저 틀에 박힌 제품 설명으로는 부족하다. 당신 회사에서 만들어진 제품이 고객의 입장에서 해결책이 될 수 있는지를 보여주어야 한다.

**고객의 언어로 말해야 한다.**

### 행동 3  요약하고 점검한다

**요약**

특히나 당신이 가진 해결책이 다양한 구성요소들을 지니고 있는 경우에는 당신이 지금까지 설명했던 내용 중 가장 중요한 부분들을 강조하며 요약해주어야 한다. '요약하면'이라는 말로 시작을 하든지 아니면 "요약을 하자면, 저희는 …가 귀하께 중요하다는 사실을 알고 있고 또한 우리 …가 고객의 니즈에 딱 맞는다고 확신하고 있습니다."라고 말하면 된다. 요약 내용은 간략하게 하면서도 고객의 특성에 맞추는 동시에 그때까지 고객과 나누었던 대화의 내용을 반영해야 한다. 이 상황은 새로운 것을 소개하는 것이 아니다. 당신이 제시하는 해결책이 단순한 것이라면 굳이 요약이라는 절차를 거치지 않아도 괜찮다. 곧바로 최종 점검 과정으로 진행할 수도 있다.

**최종 점검**

고객으로부터의 피드백은 대부분의 경우 요청하지 않으면 얻을 수 없다. 그러니 당신이 발표했던 내용에 관하여 피드백을 달라고 요청해야 한다. 특히 해결책이나 권유사항 같은 것을 전달한 다음에는 반드시 그렇게 해야 한다. 바람직한 것은 당신이 기울인 모든 노력이 헛되지 않도록 고객이 긍정적인 피드백을 가장 많이 주는 경우이다. 그런데 일단 당신이 해결책을 제시한 다음에는, 그에 대한 실행을 요청하기 전에 반드시 고객이 그것에 대해 어떻게 느끼고 있는지 분명하게 짚어봐야만 한다. 권유사항을 말한 이후는 "귀하는 어떻게 생각하십니까?"라든가 "궁금하신 점은 없으십니까?"라고 묻기에 적절한 때가 아니다. 아직은 업무에 관하여 묻지 말아야 한다. 당신이 방금 전달한 내용이 고객의 니즈에 얼마나 잘 들어맞는지 개방형 질문으로 물어본다. 예를 들어, "…를 위한 귀하의 니즈에 …(해결책)이 어느 정도 맞아 들어가는지요?"라고 묻고 조용히 기다린다.

 이 질문을 하기가 언제나 수월하지는 않을 것이다. 여기에는 위험 요소가 따른다. 고객이 부정적인 반응을 보일 가능성이 있기 때문이다. 하지만 당신이 내놓은 안에 관해 고객이 어떻게 느끼는지를 정확하게 모르는 상태에서는 훨씬 더 위험요소가 크다.

 최종 점검 질문은 매우 구체적으로 물어보는 것이 중요하다. "어떤 것 같으세요?" 또는 "이 부분은 어떻게 생각하십니까?"(그런데 이런 식의 질문이 대화 전체 과정에서 다른 부분에서는 매우 중요한 점검 질문으로 활용된다)하는 식으로 두루뭉수리하게 질문을 던지면 그다지 달갑지 않아 하는 듯한 반응이 돌아올 가능성이 크다. "생각해볼게요."라든가 "다시 연락드릴게요." 혹은 "흥미롭네요."하는 식으로 말이다. 당신이 권유하는 사항이나 해결책을 제시하는 부분에서 전체의 향방이 결정될 수 있으므로 최종적으로 점검하는 질문을 던질 필요가 있다. "X에 대해서 어떻게 생각하십니까? …를 위한 고객님의 니즈에 얼마나 부합되는지요?"라는 식으로 구체적으로 질문해야 한다. 이처럼 질문을 직접적으로 던지면 고객으로부터 되돌아오는 반응 역시 좀 더 정확하기 마련이므로 당신은 현재 상황을 정확하게 파악해서 마무리할 준비를 할 수 있다.

업무나 다음 단계의 조치에 관해 물어보기 전에 최종 점검 질문을 해야 하는 이유는 무엇일까? 그저 너무 공격적으로 보이지 않기 위해서만은 아니다. 그보다는 현명해지기 위해서이다. 이를 통해 얻어지는 고객의 피드백을 보면 고객이 느끼고 생각하는 것이 무엇인지 가늠할 수 있고 해결 단계로 넘어가도 괜찮겠다는 사실을 분명하게 판단할 수 있으며 혹시 장애물을 발견한다면 해결 단계로 넘어가기 전에 그것을 제거할 수도 있다.

고객이 '깨닫기' 전에
당신이 먼저 '깨달아야' 한다.

## 언제나 설득력 있어야 한다

당신이 가진 아이디어에 관해 상의하거나 해결책을 내놓을 때에는 설득력 있게 표현하는 것이 확실히 중요하다. 물론 업무적인 대화의 모든 국면에서 가능한 한 설득력 있게 말을 할 수 있으면 좋을 것이다. 고객이든 동료든, 질문에 대해 대답할 때나 반대 의견에 관해 설득할 때 혹은 당신의 역량을 설명하거나 당신이나 회사에 관하여 설명을 하는 동안에도 그럴 수 있다면 좋을 것이다. 다음과 같이 하면 좀 더 설득력 있게 말할 수 있다.

존재감을 유지한다.
당신이 준비한 내용들과 중간에 소개시켜준 사람을 끌어들인다.
수긍하거나 강조하는 것을 잊지 않는다.
당신 시각을 말하기 전에 고객을 탐색하고 좀 더 자세히 알아본다.
듣는 사람의 니즈에 맞추어 당신의 반응을 적절하게 표현한다.
현실감을 부여하기 위해 실제 사례나 성공담을 활용한다.
피드백을 받아서 점검한다.

수긍하고 탐색하는 일에는 바탕이 되는 일정한 유형이 있다. 고객의 니즈에 딱 맞도록 조절하는 일과 완벽한 판촉 방문을 구성하는 1단계에서 5단계까지의 모든 단계에서 한 부분을 이루는 피드백을 요청하는 일, 이 두 가지가 그것이다. 당신이 일을 할 때 그것이 판촉 방문이든 판촉 서신이든 혹은 이메일이나 제안서 또는 내부적인 팀 회의이든 간에 그런 방식으로 의사소통을 하는 유형을 유지할 수 있도록 해야 한다.

> 고객에게 당신이 깨달은 내용을 전달하라.
> 그리고 고객이 깨달은 바를 알아보라.

---

### 3단계 : 유인

**행동 1** : 해결책 제시

**행동 2** : 고객 맞춤형 해결책 설명

**행동 3** : 요약/피드백 점검

## 유인 사전 계획표

고객 : _____    날짜 : _____

방문 목적 : _____

### ☐ 계획성 있는 소개

▶ 고객의 니즈를 먼저 개괄

▶ 해결책의 핵심 부분 빠짐없이 개괄, 고객의 니즈에 맞는 우선순위 선정

### ☐ 고객 맞춤형 해결책

▶ 고객 맞춤형 해결책 제시

▶ 우선순위에 따른 설명

▶ 고객에 맞추어/고객의 언어를 사용해서/당신 회사는 내부적으로 어떻게 생각하고 있는지

▶ 간결성 유지

## 유인 사전 계획표(계속)

☐ **요약과 점검**

▶ 고객 맞춤형 요약

▶ 점검 질문

## 유인 사후 점검표

고객 : _____    날짜 : _____

방문 목적 : _____

|  | 예 | 아니오 | 특이사항/행동 단계 |
|---|---|---|---|
| **인사/소개** | ☐ | ☐ | |
| ▶ 고객의 니즈와 해결책을 연관 지어 말했는가?<br>▶ 세부 사항으로 넘어가기 전에 해결책을 구성하는 모든 핵심요소들을 니즈와 연관 지어 소개했는가?<br>▶ 고객이 우선시하는 니즈에서부터 시작했는가? | | | |
| **고객맞춤형 해결책** | ☐ | ☐ | |
| ▶ 핵심 니즈를 언급했는가?<br>▶ 모든 니즈를 통합시켰는가?<br>▶ 내가 제시한 해결책이 구체적이면서도 간결했는가? | | | |

## 유인 사후 점검표(계속)

| 요약과 점검 | 예 | 아니오 | 특이사항/행동 단계 |
|---|---|---|---|
| ▶ 고객의 니즈에 맞추어 간결하게 요약했는가?<br>▶ 해결책이 고객의 니즈를 얼마나 반영하고 있는지 알아보기 위해 피드백을 점검했는가?<br>▶ 설득력 있게 말했는가? | ☐ | ☐ | |

❏ 3단계 유인을 계속할 것인가, 아니면 4단계 해결로 넘어갈 것인가?

▶ 3단계를 계속한다

▶ 4단계로 진행한다

**4단계**

# 해결

반대의사에 부딪히면 우선 수긍하고 질문을 한다.
고객의 반대는 세일즈를 한 단계 진척시키는
완벽한 기회가 될 수도 있다.

## 반대에 포함되어 있는 기회

　대부분의 세일즈맨들은 반대를 장애물로만 여기고 문제를 처리한 다음 마무리 지으려고 한다. 반대는 세일즈에 방해가 되는 것이 사실이다. 반대 때문에 세일즈가 중단될 수도 있다. 하지만 반대로 인해 세일즈에 도움이 될 수도 있다. 반대 때문에 일이 지연되다가 중단되어서 세일즈에 지장이 초래되었을 때 느끼는 당혹감이 결코 낯설지만은 않을 것이다. 하지만 어쩌면 당신은 반대가 가져다줄 수 있는 이점을 충분히 활용하지 못하고 있는 것은 아닐까? 반대가 세일즈를 중단시킬 수도 있긴 하지만 반대를 그저 장애물로만 여길 것이 아니라 그것을 해소시켜버리면 어떨까.

고객의 반대가 세일즈를 한 단계 진척시키는 완벽한 기회가 될 수도 있다. 반대는 고객이 정말로 무슨 생각을 하고 있는지를 당신에게 알려준다. 세일즈맨이 아무리 고객에게 초점을 맞추더라도 실상 머릿속에는 다른 용건이 있다는 사실을 고객은 알아차리고 있다. 그러므로 어쩌면 세일즈맨이 하는 말에 대해 어느 정도 의구심을 가지고 듣는 것이 당연하다. 그런데 일단 고객이 반대 의사를 표했을 때는 문제를 제기한 것이 고객이기 때문에 당신이 하는 대답은 자발적인 것이고, 따라서 고객은 당신의 말이 장삿속이라기보다는 당신의 진심을 알 수 있는 표시가 된다고 생각할 것이다. 당신의 대답이 제대로 적중되기만 한다면 단지 장애물이 제거되는 수준에서 그치는 것이 아니라 당신에 대한 고객의 신뢰가 더욱 확고해질 수 있다.

판촉 방문 중에 부딪치는 반대는 삶의 한 요소이다. 고객이 당신을 믿지 못하든 당신에게 힘을 과시하든, 혹은 정말로 당신에게서 더 많은 것을 알고 싶어 하든 간에, 어떤 이유로든 고객은 반대를 하기 마련이다.

세일즈의 과정에서 4단계를 해결이라고 정하기는 했지만 실제로는 첫 인사에서부터 마지막에 인사를 하고 나올 때까지의 어느 순간에라도 고객의 반대의사는 발생할 수 있기 때문에 세일즈에서 고객의 저항이란 와일드카드(wild card, 카드 게임에서 자기 마음대로 사용할 수 있는 자유패 혹은 만능패를 뜻한다-옮긴이)와도 같은 것이다. 그나마 다행스러운 사실은 세일즈 방문 중간에, 즉 당신이 니즈를 찾아내고 해결책이나 아이디어를 제시한 다음 피드백을 요청한 이후에 대부분의 반대 의사가 제기되기 때문에 그것을 해소할 수 있는 시간이 충분하다는 점이다.

피드백을 요청하면 고객은 반대의사를 내놓거나 질문을 던질 것이고 당신은 그 자리에서 그 문제들을 마무리하면 된다.

**고객의 반대는
세일즈에 있어 와일드카드와도 같다.**

'적당하게' 기술적인 답변만으로도 반대를 해소할 수 있다면 정말 좋을 것이다. 하지만 고객이 반대의사를 표할 때는 인간적인 역학관계가 작용하고 있는 경우가 많다. 그렇기 때문에 단지 당신의 답변이 무슨 내용으로 이루어졌는가보다는 당신이 그 답변을 어떻게 전달하느냐에 따라 고객을 설득할 수도 있고 그렇지 못할 수도 있다. 물론 당신이 지니고 있는 기술적인 지식이 반대를 해소하는 데 필수적인 부분이라는 사실은 분명하다. 기술적으로 전문적인 지식을 갖추고 있으면 구체적이면서도 신뢰성 있는 대응을 할 수 있다. 그런데 설득력은 그러한 전문지식을 전달하는 능력에 따라 발휘된다. 당신 머릿속에 들어 있는 기술적인 지식과 경험이든 혹은 전문가나 참고자료의 도움을 받든 간에 그와 같은 기술적인 메시지를 어떤 방식으로 전달하느냐에 따라 얼마나 설득력을 발휘할지가 좌우된다.

특정한 반대의사를 해소하기 위해 당신이 활용하는 기술적인 지식은 비석에 또렷이 새겨진 것처럼 불변의 진리라고 생각할지도 모르겠다. 하지만 고객의 반대의사라는 것 자체가 애매모호한 것이기 마련이어서 그에 대한 답변 역시 그다지 명확하지 못한 편이다. 최선의 답변, 가장 설득력 있는 대답을 하기 위해서는 반대 의사가 어떤 의미를 지니는지 분명하게 알아내야 한다. 그래도 다행인 것은 해결 단계를 구성하는 행동들을 활용하면 어떤 반대의사라도 유용하게 처리할 수 있다는 점이다. 또한 그 행동들은 늘 한결같다는 사실이다. 일단 그 행동들을 터득하고 나면 반대의사를 제거할 수 있는 최상의 방법을 이용해서 적절한 기술 정보를 능수능란하게 구현할 수 있다.

그 행동들을 이용하면 제대로 방향을 잡을 수 있으며 부담을 덜 수 있다. 또 그 행동들을 활용하면 '답변'의 대부분을 작성하는 데 도움이 된다. 그에 못지않게 중요한 것은 이러한 조치들을 활용하면 당신이 방어적인 태도를 취하고 혹은 상황을 악화시킴으로써 불을 끄는 것이 아니라 오히려 부채질을 하는 결과가 되지 않도록 막아주는 효과가 있다는 점이다. 무엇보다 중요한 것은 그러한 행동들이 애매모호한 반대의사를 만족시킨다는 불가능한 임무에 매달려 애쓸 필요가 없도록 해준다는 점이다.

여러 가지 측면에서 볼 때 반대의사에 대해 반응하는 과정은 세일즈의 축약된 형태와 같다고 할 수 있다. 반대에 대한 각각의 반응과정에는 접촉에서부터 탐색까지, 또 유인과 점검까지 모든 것이 포함되어 있다.

해결은 판촉 방문의 4단계에 해당한다. 이제 그에 속하는 네 가지 행동들을 살펴보자.

### 4가지 행동

행동 1 : 수긍

행동 2 : 반대의사를 줄여 나갈 수 있는 질문

행동 3 : 당신의 대응책 제시

행동 4 : 피드백 요청

### 행동 1  수긍한다

　대다수의 세일즈맨들은 세일즈에 방해가 되는 장애물을 제거하고자 애를 쓴다. 고객이 반대의사를 제기하면 아드레날린이 분비되고 타고난 본능에 따라서 곧바로 반격을 하려 드는 경우가 빈번하다. 그런 경우 말은 정중하게 하더라도 내용을 보면 고객에게 대놓고 무엇이 잘못되었느냐고 묻게 된다. 방어적인 태도가 튀어나오는 것은 물론 당연하지만, 결코 바람직하지는 못하다. 항변하듯이 곧바로 반응하면 고객 역시 그에 대한 반격으로 자기의 입장을 고수하며 방어적인 태도로 일관하게 된다. 그렇게 하는 대신 수긍을 하거나 공감한다면 그 분위기를 좀 더 중립적으로 만들 수 있고 고객의 방어막을 다소 낮출 수 있다.

　하지만 안타깝게도 대부분의 세일즈맨들은 반대에 직면했을 때 자연스럽게 수긍하는 태도를 취하지 못한다. 심지어는 수긍을 하면 고객의 말에 동의하거나 약한 모습을 보이는 것이라고 생각하는 경우도 있다. 그러나 이와는 정반대로 수긍하는 자세는 고객으로 하여금 당신이 경청하고 있으며 고객의 생각을 존중하며 그들의 말에 관심을 가지고 있다는 사실을 깨닫도록 해준다. 또한 수긍을 하면 자제심을 되찾을 수 있다. 뿐만 아니라 결과적으로 고객과 다시 접촉할 수 있게 해주고 탐색을 계속할 수 있는 여지를 열어주기 때문에 진정한 대화가 가능해진다.

**수긍은 동의가 아니다.
중립적이고, 정중하며, 신중한 태도이다.**

수긍을 하면 라포르를 유지하고 또 계속해서 질문을 하는 데 도움이 되며 고객이 좀 더 많은 정보를 표현할 수 있는 분위기가 만들어진다. 고객의 반대의사가 사적인 것이든 심각하거나 민감한 부분이든 간에 그에 대해 공감을 표시하며 수긍한다는 것이 그리 녹녹치만은 않다. 하지만 그렇게 하는 것이 인간적인 행동이며, 그렇게 하면 대부분의 고객들은 그런 행동을 인정해준다.

수긍을 함으로써 잠시 생각할 여유를 가질 수 있고 생각을 가다듬을 수 있다. 곧바로 대답하기보다는 반응하기 전에 단 몇 초간만 말을 멈추고 침묵하는 편이 좀 더 사려 깊다는 인상을 심어줄 수 있다.

**난관에 봉착할 때마다
뒤로 물러나 대답할 준비를 하면서
고객의 말에 수긍하고 탐색해야 한다.**

## 행동 2   반대의사를 줄여 나갈 수 있도록 질문한다

고객이 표현하는 반대의사는 대개 포괄적인 경우가 많기 때문에 가능한 한 구체적으로 그 범위를 좁혀가야 한다. 고객들은 보통 이런 식으로 말하곤 한다. "융통성이 없군요.", "…가 부족하단 말입니다.", "경쟁력이 없습니다." 등등 이와 비슷한 종류의 말은 여러 가지이다. 이런 반대의사에 반응하기 전에 좀 더 많은 사실을 알아내는 것이 중요하다. 그렇지 않으면 지금 펼쳐지고 있는 문제 상황에 관해 지레짐작만으로 마치 어둠속에서 상륙작전이라도 펴듯 대처해야 하기 때문이다. 뿐만 아니라 자세하게 상황을 파악하지 못하면 고객이 염려하는 부분과 무관한 대답만 할 수도 있다. 비록 당신이 제대로 방향을 잡아서 답변한다 하더라도 고객에게서 추가적인 정보를 받지 못하면 그들의 문제를 해결하기는커녕 단지 고객에게 매달리는 듯한 꼬락서니가 될 것이다. 반대의사를 깊이 탐색함으로써 제대로 고객의 마음을 적중시킬 수 있는 대답을 하는 데 필요한 구체적인 정보를 얻을 수 있고, 덧붙여 고객이 스스로 마음을 돌리게 만들 수도 있다.

반대의사를 직접적으로 탐색하려면 개방형 질문을 한다. 고객이 반대의사를 표현한 말들 중에 애매모호하고 감정적이거나 무시하고 지나쳤던 말들을 잘 살펴보아야 한다. 거의 대부분 적어도 하나는, 또 종종 하나 이상의 살펴볼 단어가 있게 마련이다. 당신은 그러한 단어들이 무엇인지 귀 기울여 듣고 그 뜻을 분명하게 알아보아야 한다. 예를 들어 다음과 같이 질문할 수 있다.

- **고객** : "당신들은 X를 하지 않는군요."
- **세일즈맨** : "X가 중요하다는 사실은 알고 있습니다. 그런데 왜 X를 중요하게 생각하시는지 여쭤봐도 될까요?" 또는 "무슨 이유로 이것에 관심을 가지십니까?"

반대의사를 정확하게 파악하기 위해서는 탐색 과정이 반드시 필요하고 또 그렇게 해야 그 뒤에 숨어 있는 니즈를 찾아낼 수 있다. 탐색을 하기 전에 고객의 말을 수긍하면 질문할 때의 분위기가 훨씬 부드러워지므로 마치 심문하는 것처럼 들리는 일은 방지할 수 있다.

대다수의 세일즈맨은 첫 번째 질문 던지기를 꺼린다. 그 대답이 뻔한 경우가 많기 때문이다. 조금씩 다르겠지만 "왜 X를 중요하게 여기십니까?", "우리가 융통성이 없다고 생각하시는 이유가 무엇입니까?", "무엇 때문에 우리가 경쟁력이 없다고 느끼십니까?", "우리의 제안이 어떻게 해서 표적에서 빗나가고 있다는 말씀입니까?"라는 식으로 '왜'라는 형태의 질문이 된다. 이런 식으로 묻는다면 그 질문이 너무나 단순하다는 사실 자체가 장애물이 될 것이다.

반대의사와 관련해서 기억해야 할 점은 똑같은 내용의 반대의사를 표현하는 고객이 여러 명이라도 그 이유는 제각기 모두 다를 것이라는 사실이다. 예를 들어 서로 다른 고객들이 똑같이 "우리는 X에 관심이 없습니다."라고 말하더라도 그 이유는 모두 제각각일 것이다. 이미 그 제품을 사용해본 사람도 있을 것이고 대체로 별로 좋지 않더라는 소문을 들은 사람도 있을 것이며 구체적으로 단점에 관해 이야기를 들은 사람도 있을 것이다. 또 제품과 관련해서 당신 회사의 실적이나 장기적인 계획을 물어보는 고객도 있을 것이고, 제품을 사용해볼 시간적 기회가 없었거나 방금 계약을 마친 고객도 있을 것이며 예산이 부족하거나 Y라는 제품을 더 선호하거나 혹은 동종업계에 가족이 있다든가 등의 다양한 이유가 있을 것이다. 반대의사의 의미를 구체적으로 탐색하고 이해하는 일은 그 문제를 해결하는 데 있어 유일하지는 않더라도 가장 좋은 기회가 될 수 있다.

**반대의사가 애매모호하면
그것을 해소할 수 없다.**

탐색을 하는 과정에서 얼마나 많은 것을 깨달을 수 있는지 알게되면 아마 놀랄 것이다. 특히 고객에게 수긍을 하고 탐색하는 경우가 더욱 그렇다. 고객들은 자신들에게 세일즈를 하려면 어떻게 해야 할지 알려주기 시작할 것이다. 심지어 경쟁사의 제안서 내용이나 가격산정에 관한 정보와 의사결정권자에 관한 정보까지 알려주는 경우도 있는데, 고객에게 질문을 하지 않는다면 결코 그러한 정보를 얻을 수 없을 것이다.

반대의사 뒤에 무슨 뜻이 숨어 있는지 이미 알고, 또 그것이 올바른 내용이라 할지라도 질문을 함으로써 다른 중요한 목적에 도움이 된다. 즉 고객의 방어적인 태도를 완화하고 당신의 답변을 받아들이는 수준이 높아지게 되는 것이다. 탐색해보지도 않고 '해답'을 안다고 생각할 때의 문제점은 그 해답이 고객이 염두에 둔 것과는 다를 수도 있다는 사실이다.

가능성이 있는 것들 중에서 가장 최악의 상황은 무엇인가? 당신이 질문을 했는데 무턱대고 대답을 거부하는 경우일 것이다. 그렇다면 이 고객은 사실 잠재 고객이 아닐지도 모른다. 만일 그렇다면 뒤늦게 그런 사실을 깨닫는 것보다는 조금이라도 일찍 알아차리는 편이 낫지 않은가? 어떤 경우라도 고객의 반대의사를 이해하려고 노력은 해야 한다. 하지만 고객이 구체적인 사항을 밝히려 들지 않는다면 그런 사실 자체만으로도 고객에 관한 정보가 될 수 있으며 당신 회사와 당신과의 관계에 대해 고객이 어떤 시각을 가지고 있는지 짐작할 수 있다.

탐색하는 과정에서 마치 거래를 가로막는 장벽처럼 느껴지던 반대의사가 대화로 전환될 수도 있다. 고객과 함께 풀어 나가는 과정에서 고객의 반대의사를 해소할 수도 있고, 또한 그러지 못하는 경우일지라도 당신의 전략을 수정하거나 제품을 보완하는 데 도움이 될 정보를 얻을 수도 있는 것이다.

반대의사를 빠뜨리지 않고 수긍하고 탐색한다면 당신이 내놓는 대응이 좀 더 그럴듯해지고 설득력을 발휘할 것이다. 여기서 내가 제안하는 경험법칙은 난관에 봉착할 때마다 고객이 하는 말을 수긍한 다음 더 자세히 알아보라는 것이다.

### 행동 3  당신의 대응책을 제시한다

반대의사와 관련해서 그나마 다행스러운 부분은 그 내용이 완전히 새로운 경우는 별로 없다는 사실이다. 대개는 똑같은 반대의사를 반복해서 듣는 경우가 많다. 신참 세일즈사원인 경우에도 훈련과 코칭을 통해서 대다수의 일반적인 반대의사에 대해 확실한 기술적인 대응책을 준비할 수 있다.

이미 언급되었듯이 고객의 반대의사를 만족시키기 위해서는 단순히 기술적인 지식 이상이 필요하다는 사실이 문제이다. 바로 대화가 필요한 것이다.

**수긍하고 또 탐색을 함으로써 당신은
경청하고 있다는 사실을 표현하였다.**

지금까지 당신은 고객이 당신의 말에 귀를 기울이도록 유도하였다. 지금부터 핵심이 되는 것은 이제껏 알아낸 사실들을 활용해서 고객의 구체적인 관심사항에 대하여 고객 특성에 맞추어 대응책을 만들어내는 일이다. 당신이 찾아낸 고객의 염려나 니즈에 연관을 지어서 당신이 가진 기술적인 지식을 제시하라. 그렇게 하면 앵무새처럼 고객의 말을 그대로 따라하지 않고도 고객이 했던 말을 통합할 수 있다. 당신의 대응책 속에서 자신이 염려하는 부분에 대해 듣는 빈도가 잦아질수록 고객의 귀에는 당신의 대응책이 더욱 진실하게 들릴 것이다.

주요한 내용에 관한 반대의사에 대해서는 관련된 사례나 성공담을 곁들여 말하면 그 답변은 훨씬 더 생생하게 다가갈 것이다. 예를 들어서 만약 어떤 고객이 환경 문제를 우려해서 당신의 제품에 관심이 가지 않는다고 말한다면 당신은 먼저 안전기준에 관한 자료를 제시하면서 당신 제품이 그 기준에 부합된다는 사실을 알려줌으로써 고객이 스스로 해결책을 찾도록 도울 수 있다. 당신의 제품이 안전하다는 사실을 증명해줄 수 있는 간단한 성공담을 곁들여 말하는 것도 좋다.

**고객을 위해서가 아니라
고객과 함께 반대의사를 풀어 나간다.**

### 행동 4 | 피드백을 요청한다

일단 반대의사에 대한 대응책을 내놓은 다음에는 그 대응책이 고객이 우려하는 바를 얼마나 만족시키고 있는지 알아보기 위한 질문을 한다. "우리 회사의 …가 …에 대해 귀하께서 걱정하시는 부분에 얼마나 근접하고 있는지요?"라는 식으로 질문함으로써 당신이 한 말에 대해 고객이 어떻게 생각하고 있는지, 또 당신이 처한 상황이 어떠한지, 이제 무엇을 해야 할지에 관해 중요한 정보를 얻을 수 있다.

다수의 세일즈맨들은 피드백을 요구하는 대신에 반대의사에 대응하고 나서 다음 단계로 진행하거나 또는 그때부터는 고객이 어떤 행동을 할지 기다리면서 그저 침묵을 지키는 경우도 있다. 고객이 피드백을 주지 않은 상황에서 당신이 직접적으로 피드백을 요구하지 않는다면 이제는 그 장애물이 제거되었는지 또는 여전히 남아 있는지를 알아볼 수 있는 방법이 달리 없다.

고객이 애매모호한 말로 대답한다면 계속해서 자세히 알아보아야 한다. 그러한 고객의 반응에 우선 수긍하고 좀 더 구체적인 것을 알아보기 위한 질문을 한다. 반대의사와 관련해서 케케묵은 표현을 끄집어내본다면 "무소식은 좋지 않은 소식이다(No news is bad news)." 그리고 "적게 말할수록 늦게 고쳐진다(The least said, the slowest mended)."와 같은 말들이 있다.

대응책을 제시한 다음 피드백을 요청하는 요령을 터득해놓으면 필요한 경우에 수정 보완할 수 있고 또 탄탄한 기반 위에 있다는 사실을 염두에 두고 일을 진행해 나갈 수 있다. 한 노련한 세일즈 부장은 자기 팀원들에게 이렇게 말했다. "좋았어, 이제 알겠군. 우리는 그동안 고객과 대화할 때마다 마침표로 끝나는 문장으로 말을 해왔네. 이제부터 우리는 모든 문장을 물음표로 끝나는 문장으로 말해야겠군."

## 말로 표현하지 않는 반대의사

당신의 경험상 고객이 어떤 반대의사를 가질 법하다고 짐작되는 상황에서 고객이 그것을 표현하지 않는데 당신은 부정적인 요인이 추가되는 것이 싫다면 그 문제를 알아보기 위해 중립적인 질문을 던질 수 있다. 예를 들어 회사의 운용 조직을 하나로 통합하려는 계획에 대해 지역 담당자의 반발이 있을 것으로 예상하는 경우라면 "밥, 이 계획에 대해 지사장들은 어떻게 생각할 것 같은가?"라고 물어볼 수 있다.

### 양의 탈을 쓴 늑대

고객의 질문 대부분은 반대의사가 아니다. 대개의 경우는 특별한 용건 없이 그저 궁금해서 물어보는 것이다. 하지만 고객이 '중립적인' 질문을 던지는 경우라도 그것이 장애요소로 탈바꿈하는 경우가 있다. 한 세일즈맨은 아주 길게 이어진 판촉 방문이 거의 끝나갈 무렵 예상치 못한 질문을 받았다. 상위 의사결정권자가 묻기를 그 세일즈맨이 제시하는 해결책을 이용할 경우 고객의 회사가 막대한 비용을 투입해서 새로 개발한 고객관리시스템을 어떤 식으로 통합할 수 있느냐는 질문이었다.

그 질문을 좀 더 명확하게 알아보지 않은 채 그 세일즈맨은 나름대로 최선의 답변을 제시했고 그 대응책이 고객에게 흡족한지 점검해보았다. 그런데 그 질문을 하자 바로 반대의사로 바뀌어버렸다. 고객이 하는 말이 "그 말은 매우 실망스럽군요. 나는 그보다는 좀 더 나을 거라고 짐작했는데. 우리도 그 정도는 할 수 있소."였다고 한다.

그 세일즈맨은 말문이 막혀 한동안 침묵했다. 하지만 각 단계별로 행동할 원칙을 훈련했던 터라 일단 고객의 말을 수긍한 다음 고객이 생각하는 통합이라는 것이 어떤 것을 의미하는지 알아보기 위해 질문을 했다. 그런 다음 경청하고 다시 자세하게 알아보았다. 또 얼른 정신을 가다듬고는 처음에 자신이 제시했던 답변에 세부적인 사항을 덧붙이고 추가적인 아이디어를 첨부해서 고객이 우려하는 부분에 관하여 좀 더 구체적으로 제시했다. 그렇게 만들어진 답변이 고객이 우려하는 바를 얼마나 표현하고 있는지 알아보기 위해 다시 점검하고 피드백을 요청했을 때 그 고객은 이렇게 말했다. "훨씬 나아졌군요. 이게 바로 내가 원하던 거요." 그로부터 일주일도 못 되어서 그 세일즈맨은 250만 달러 짜리 계약을 따냈다.

### 반대의사에 대해 대응하는 일은 소규모 '판촉 방문' 과 비슷하다.

고객이 하는 질문은 대개 반대의사가 아니지만 때로는 고객이 질문이라는 형태로 반대의사를 표현하는 경우가 있다. 그런 일이 있을 때는 경험과 직관을 활용해서 알아차려야 한다. 만일 의사결정권자가 당신이 제시한 해결책과는 맞지 않는 질문을 하거나 당신의 가장 취약한 부분을 꼬집는 질문을 하는 경우 반대의사를 다룰 때와 비슷하게 조심스럽게 접근해야 한다.

예를 들어, 어떤 고객이 회의 내내 조용히 있다가 처음 입을 떼서 하는 질문의 내용이 당신 회사에서 가장 취약한 부분이라고 인식되는 것이거나 평소에 걱정하던 사항에 관련된 것일 수도 있다. 예를 들어 고객이 "이 지역에 사무실이 있습니까?"라고 물었다면 "그 질문은 중요하다고 생각합니다. 지금 당장은 없습니다. 하지만 저희는 …와 …를(관련이 있는 장점이면 어떤 것이든 일단 제시하고 아니면 임박한 계획이라도 알려준다) 가지고 있습니다. 그런데 왜 지사에 관하여 궁금해 하시는지 여쭤봐도 될까요?"라고 답하면 된다. 그런 뒤 경청하고 최선의 대응책을 내놓은 다음 그 질문에 당신이 얼마나 근접했는지에 관해 피드백을 요청한다.

질문이 광범위하더라도 일단 수긍하고 나서 구체적이고도 설득력 있게 대답하기 위해 필요한 통찰을 얻도록 자세히 알아본다. 만일 그 질문이 아주 중요한 내용이라면 성공담을 활용해서 답변한다.

예를 들어 한 고객이 회의 내내 까다로운 질문을 여러 차례 하고 줄곧 시치미를 뚝 떼고 있다가 중요한 내용에 관한 프레젠테이션이 끝나갈 즈음 뜬금없이 세일즈맨에게 그 프로젝트가 성공하려면 어떻게 해야 될지 요약해보라고 했다. 그 세일즈맨은 단조롭게 답변하지 않고 세계 일류 수준의 기업에게 그 제품이 얼마나 효과적이었는지를 보여주는 성공담을 곁들여 대답했다. 그런 다음 점검 차원에서 피드백을 요청하자 그 고객은 아주 인상적이었다고 말하면서 혹시 나중에 다시 따로 회의를 할 수 있겠느냐고 물어보았다고 한다.

그 밖에 또 민감한 사안에 관한 질문에도 늘 대비해야 한다. 마케팅 컨설턴트인 한 세일즈맨은 고객사의 사장에게 전달했던 답변 때문에 새로운 계약을 따낼 수 있는 기회를 잃어버렸다. 그 사장님은 회의 시간보다 일찍 나타나서는 자기 회사의 비전을 기술한 문건이 담긴 작고 투명한 상자를 건넸다. 그러더니 어떻게 생각하느냐고 물어보았다고 한다. 길게 생각할 것도 없이 그 세일즈맨은 솔직하고도 가차 없이 냉정하게 의견을 말했다.

정직한 태도로 임하는 것이 중요하기는 하지만 상대방에게 상처를 줄 정도로 무자비해질 것까지는 없다. 특히나 관련 정보가 충분하지 않은 경우에는 더욱 그렇다. 그런 상황에서 "제가 최대한 정확하게 답변을 드리기 위해 몇 가지 여쭤도 될까요? 비전이란 말은 다양한 의미와 의도를 포함할 수 있습니다. 여기에 나온 비전은 무엇을 목적으로 하며 어떤 용도를 가지고 있는지 말씀해 주실 수 있으신지요?"라는 식으로 말했다면 좋았을 것이다. 그랬다면 그 내용은 그 사장님이 직접 작성한 것이며 그의 자존심과 긍지라는 사실을 알아차릴 실마리를 찾을 수 있었을 것이다.

반대의사와 질문은 종종 애매모호한 경우가 있다. 또한 다루기 곤란한 내용일 수도 있고 방어적인 태도를 불러일으킬 만한 것도 있을 것이다. 반대의사에 부딪치거나 모호한 질문을 받으면 그 내용과 더불어 그 말을 하는 사람에 관해 분명하게 파악한 다음 대답해야 한다.

**반대의사에 부딪치면
수긍하고 질문을 하는 일이 먼저이다.**

---

**4단계 : 해결**

행동 1 : 수긍

행동 2 : 반대의사를 줄여 나갈 수 있는 질문

행동 3 : 대응책 제시

행동 4 : 피드백 요청

## 해결 사전 계획표

고객 : _____    날짜 : _____

방문 목적 : _____

| 예상되는 반대의사 | 수긍한다 | 명확화를 위한 질문 | 고객맞춤형 답변 | 피드백을 요청하는 질문 |
|---|---|---|---|---|
|  |  |  |  |  |
|  |  |  |  |  |
|  |  |  |  |  |

## 해결 사후 보고서

고객 : _____   날짜 : _____

방문 목적 : _____

| | 예 | 아니오 | 특이사항/행동 단계 |
|---|---|---|---|
| **수긍/공감 발언** | ☐ | ☐ | |
| ▶ 반대의사를 수긍했는가?<br>▶ 반대의사가 좀 더 사적이고 심각하거나 감정적인 것이었다면 공감할 수 있었겠는가? | | | |
| **반대의사를 줄여 나가기 위한 질문** | ☐ | ☐ | |
| ▶ 반대의사를 줄여 나가기 위해 자세히 알아보았는가?<br>▶ 깊숙이 파고들었는가? | | | |
| **고객맞춤형 답변/추천** | ☐ | ☐ | |
| ▶ 답변을 고객에게 맞추어 구성했는가? | | | |

## 해결 사후 보고서(계속)

예　아니오　특이사항/행동 단계

| 고객맞춤형 답변/추천 | ☐ | ☐ | |

▶ 답변 내용 속에 고객이 사용한 말들을 통합시켰는가?

▶ 고객을 좀 더 설득하기 위해 성공담을 활용하였는가(선택사항)?

| 피드백을 위한 점검 | ☐ | ☐ | |

▶ 당신의 답변이 고객의 반대의사에 얼마나 근접했는지 알아보기 위해 고객에게 피드백을 요청했는가?

▶ 반대의사를 해소했는가?

▶ 다른 반대의사는 없는지 찾아보았는가?

---

☐ 4단계 해결을 계속할 것인가, 혹은 5단계 실행으로 넘어갈 것인가?

▶ 4단계를 계속한다

▶ 5단계로 넘어간다

**5단계**

# 실행

마무리 과정은 당신이 목표를 설정하는 순간부터 시작되는 과정이다. 문 밖으로 나올 때, 당신은 조종석에 있어야 한다.

# 마무리 역

마무리 역이란 일이 되도록 만들 수 있는 방법을 아는 사람을 말한다. 마무리 역들은 행동 위주의 사람들이다.

마무리는 세일즈에 관련되는 전체 과정 중에서 계약에 대한 요청을 하는 순간을 말한다는 것에는 논란의 여지가 없다. 판촉 방문과 세일즈 주기 속에서 마무리 단계는 매우 중요하고 결정적인 시점이기 때문에 세일즈맨과 고객 모두에게 부담이 되는 시점이기도 하다. 대부분의 세일즈맨이나 고객에게 마무리 시점은 또한 진실의 순간, 즉 예나 아니오 혹은 진행이나 중단 중에서 결정을 내려야 할 때라고 여겨진다.

할 일이 너무나 많은 세일즈맨들은 보통 이 마무리 과정을 달가워하지 않는다. 아니오라는 말을 듣고 싶지 않은 것이다. 혹시나 대화가 중단되어버릴지도 모르는 위험을 감수하고 싶지 않은 것이다. 지나치게 공격적이거나 밀어붙이는 듯한 인상을 주고 싶지도 않을 것이다. 하지만 분명하고 구체적인 다음 조치들을 가지고 이 마무리 과정을 완수하지 않으면 더 큰 위험이 도사리고 있을 것이다.

일부 세일즈맨들이 중요한 조치를 취하지 않은 채 판촉 방문을 종료하려는 것을 볼 때면 매우 당황스럽다. 대개의 경우 세일즈맨들은 아주 어렵게 공을 들여서 고객과 만날 기회를 얻는다. 그리하여 얻은 방문시간 동안 고객에게 다가가고 설득하기 위해 열심히 노력을 기울인다. 그런데 방문을 마무리할 시간이 다가와도 세일즈맨이 계약을 요청하거나 구체적인 다음 단계에 관한 동의를 요구하지 않기 때문에 그 모든 노력이 무산되고 마는 것이다.

마무리에는 세 가지 종류가 있다.

### 점선 마무리

세일즈맨이 계약에 대해 요청하는 상황이며 "톰, 당신과 협력업체가 될 수 있다면 영광일 거라 생각합니다. 저희는 곧바로 착수할 수 있습니다. 앞으로 일을 진행해 나가는 데 당신이 도와줄 거라고 믿어도 되겠지요?" 혹은 "승낙하신 겁니까?"라는 식으로 표현한다.

### 추진력 있는 마무리

세일즈맨이 세일즈의 주기 상에서 다음 단계로 넘어가자고 요청하는 상황으로서, "일정표 상으로 금요일에 회의를 계획하는 것은 어떻습니까?"라고 말하는 식이다.

### '안전한' 마무리

일이 진척될 수 있는 어떠한 행동도 요청하지 않는 상황이다. 그러니 거절당할 가능성도 없지만 계약 체결 기회를 놓칠 수도 있다.

> **계약을 놓쳐버리는 가장 빠른 길은
> 계약을 하자고 요청하지 않는 것이다.**

'안전한' 마무리는 다음과 같이 말하는 경우이다. "이에 관해 생각해보고 다시 연락을 드리겠습니다.", "직원에게 연락해서 … 계획을 잡겠습니다.", "저희 회사 내부의 전문가와 상의해보고 다시 연락을 드리겠습니다.", "제가 …를 작성해서 …를 보내드리면 어떨까요?", "…를 구해드리겠습니다." 또는 "…에 관한 제안서를 구상해서 다시 보완하고 점검하겠습니다." 등이다.

'안전한' 마무리는 마무리를 지연시키는 것보다 더 큰 영향을 미칠 수 있다. 기회 자체를 잃어버릴 수도 있다. 때로는 세일즈맨 스스로가 자신이 한 말을 처리하느라 바삐 일해야 하는 상황이 되거나 다람쥐 쳇바퀴 돌듯 돌고 도는 결과를 초래할 수도 있으며 자기 회사의 다른 직원들의 시간까지 낭비하는 셈이 되기도 한다. 안전한 마무리에서 행해진 각 조치들은 그저 제자리 상태를 답보하는 것보다 조금 나은 정도라고 할 수 있다. 이 경우 세일즈맨은 일방적으로 모든 일을 처리한다. 고객의 참여를 이끌어 내지 못하는 것이다.

상황에 따라서는 이 세 가지 마무리의 어떤 것이라도 나름대로 적절하게 이용될 경우가 있겠지만 그야말로 예외적인 경우라 할 수 있다. 각 방문을 종결하면서 목표로 하는 것은 다음 국면으로 혹은 세일즈 주기 상에서의 다음 이정표로 진행하기 위해 세일즈맨과 고객이 서로 간에 날짜나 시간을 정하는 등 훨씬 더 구체적으로 다음 행동을 확정하는 것이다.

'안전한' 마무리란 실제로 매우 위험하다. 일단 결정적인 시기를 놓치고 나면 '안전한' 마무리가 지난 다음 다시금 고객에게 접촉하는 일이 결코 쉽지 않다. 사실 가장 안전한 마무리는 곧바로 일정계획을 세워 구체적으로 '다음 행동'을 찾아보는 것이다. 그것이 다음 회의에 관한 약속을 잡는 것이 되거나 고객에게 계약을 체결해달라고 요청하는 것이 될 수도 있다.

물론 세일즈맨들이 마무리를 꺼리는 원인 중에는 거절에 대한 두려움이 하나의 요소가 되기도 한다. 하지만 많은 경우에는 세일즈맨 자신이 원하는 행동 단계가 무엇인지 확정하지 못했고 또한 목표한 바를 얻는 데 도움이 될 만한 진척상황이 없었기 때문이다.

## 마무리 행동 단계

여기 소개하는 세 가지 행동들을 활용하면 당신은 좀 더 신속하게 마무리를 해낼 수 있는 마무리 역이 될 수 있을 것이다. 이러한 행동들을 활용하면 거절에 대한 걱정 자체를 없애지는 못하더라도 당신이 어떤 조치를 취하고 싶은지 파악할 수 있고 좀 더 업무적인 차원에서 마무리를 할 수 있을 것이다. 결정적인 기회를 잃어버리지 않게 해주는 동시에 일이 진행되는 데에도 도움이 된다. 흥미로운 점은 이 세 가지 행동 중에서 단 하나만이 실제 '행위'의 형태로 이루어진다는 사실이다.

마무리라는 것을 방문 과정 중에서 마지막 부분에서만 일어나는 일로 여긴다면 너무나 단순한 사고방식이다. 마무리 과정은 비록 마지막 부분에 이루어지기는 하지만 방문이 이루어지기 전 당신이 목표를 설정하는 순간부터 시작되는 과정이다. 또한 방문이 이루어지는 과정 전체에서, 즉 당신이 점진적으로 고객의 피드백을 이끌어내기 위해 점검 질문을 하는 동안에도 그런 행동들과 맞물려 진행되는 것이다. 당신이 계약을 하자거나 다음 단계로 넘어가자고 요청하는 행동에서도 질문이 갑자기 '튀어나오는' 것이 아니다. 그보다는 오히려 당신과 고객이 합의하에 결론을 도출하고 다음 행동 단계에 이르는 것이다.

효과적인 마무리를 이끌어내기 위해 다음의 세 가지 행동들을 활용한다.

---

**효과적인 마무리를 위한 행동**

행동 1 : 방문 전에 고객에게 기대하는 행동 파악
행동 2 : 방문 진행 도중 피드백 요청
행동 3 : 계약 요청/다음 단계 확정

## 행동 1  고객에게 기대하는 행동이 무엇인지 파악한다

　마무리라는 것은 방문이 끝나갈 즈음 '모든 것을 얻느냐 혹은 완전히 잃어버리느냐' 하는 식으로 이루어지는 것이 아니라 고객과의 만남이 시작되기 전부터 순차적으로 이루어지는 과정이다. 모든 방문에 앞서 당신이 달성하고자 하는 바가 무엇인지 정해야 한다. 다시 말해 방문이 끝나갈 즈음 당신이 얻고 싶은 결과가 무엇인지를 명확하게 표현하는 구체적이고도 측정 가능한 방문 목적을 세워야 한다. 판촉 방문을 마치고 나올 때 "내가 X를 해냈는가, 아니면 해내지 못했는가?"라는 질문에 스스로 답할 수 있어야 하며 또한 그 답은 아주 명확해야만 한다.

　"고객의 니즈를 좀 더 잘 파악한다."라든가 "고객이 우선시하는 부분은 무엇인지를 좀 더 알아본다."와 같은 식의 목적은 바람직한 내용이기는 하지만 구체적이거나 측정 가능하지 않다. 그렇지만 "고객의 포트폴리오를 한 장 복사해서 얻어오고 또 10일 안에 다시 만날 약속을 정한다."라든가 "고객이 의사결정을 할 때 사용하는 기준을 적어놓은 목록을 하나 구하고 또 …까지는 제안서를 수락하겠다는 동의를 얻어온다." 혹은 "…단계로 진행하겠다는 동의를 오늘은 반드시 얻는다."라는 식으로 구체적인 행동으로 표현하면 그 여부를 분명하게 판가름할 수 있다. '그래, 해냈어' 혹은 '이런, 해내지 못했군' 하는 식으로 말이다. 이런 조치들을 활용하면 더욱 많은 업무를 마무리할 수 있을 뿐 아니라 고객과 어떤 관계를 형성하고 있는지 현실에 눈을 돌릴 수 있다.

각각의 방문을 위해 설정하는 목적은 당신이 세일즈의 주기 중에서 어느 부분에 도달했는지에 맞추어 적절하면서도 공격적이어야 한다. 예를 들어 잠재 고객과의 첫 만남에서부터 복잡한 구매과정에 적극적인 행동을 이루어낸다는 기대를 한다면 너무 비약적이라 할 것이다. 하지만 각각의 방문이 이루어지기 전에 당신이 도달하려는 다음 단계의 행동을 명확히 정해놓으면 상황이 진척될 수 있고, 고객이 일에 매진하는 속도도 빨라질 수 있다. 적절한 다음 단계가 제때 이루어질 수 있게 방문계획을 세워야 한다. 시연을 보이기 위한 날짜를 정하는 것이든 전문가를 유입하는 일이든 혹은 계약을 체결하기 위해 서명하고 악수를 하는 것이든 말이다.

당신이 원하는 바를 파악한 다음
그것을 요청한다.

### 행동 2  방문이 진행되는 내내 피드백을 요청한다

거절당하는 일을 좋아하는 사람은 없다. 하지만 당신이 다음 단계를 요청하거나 계약을 하자고 요청했을 때 고객이 어떻게 반응할지 논리적으로 예측해볼 수 있다면 좀 더 확신을 가질 수 있고 거절당할 가능성을 줄일 수도 있다. 방문이 이루어지는 과정 동안 고객의 피드백을 얻기 위해 점검 질문을 하는 것도 그런 예측을 하는 한 방법이 될 수 있다. 고객의 피드백을 통해 당신이 발표한 내용에 대해 고객이 어떻게 느끼고 생각하는지 알 수 있다. 피드백을 요청하는 일은 방문 과정 전체, 즉 1, 2, 3, 4, 5단계 모두에서 이루어지므로 정확하게 5단계의 일부라고 말할 수는 없다. 접촉 단계에서 당신이 준비한 안건이 고객의 기대에 얼마나 부합되는지 점검할 때, 문자 그대로 당신은 고객에게 다가갈 수 있는 다리를 엮고 있는 것이다. 방문이 이루어지는 동안 피드백을 점검하는 일은 '계약을 엮어내기 위한' 실과 같은 역할을 하며 또한 이를 통해서 방문이 끝날 즈음 행동을 취할 것을 고객에게 요구할 수 있는 지식과 확신을 얻을 수 있다.

몇몇 세일즈 전문가들은 타고났든 훈련되었든 눈치가 빠르고 아주 예민해서 고객의 미세한 반응이나 움직임까지 포착할 수 있다. 하지만 우리 대부분은 고객이 어떻게 느끼는지 알아차리기 위해서는 좀 더 구체적인 방법, 즉 점검 같은 것이 필요하다. 다음과 같은 질문을 통해 점검한다.

"어떤 것 같으세요?"
"어떻게 생각하십니까?"
"저런 것은 어떠세요?"

당신이 수용능력을 제시하거나 고객의 반대의사나 질문에 답할 때마다 당신이 한 말에 대해 고객이 어떻게 생각하는지 파악함으로써 마무리 단계에 조금씩 다가갈 수 있다. 예를 들어 당신이 제품에 관해 어떤 내용을 설명하고 나서 "고객께서 운영하시는 여러 현장에서 이 제품이 얼마나 효과가 있을 거라고 생각하십니까?"라고 묻는다면 당신은 그 대답을 듣고 마무리 단계에 얼마나 근접했는지를 짐작할 수 있다. 방문이 끝날 때까지 기다렸다가 이런 사실을 파악하려 한다면 혹시 수정 보완이 필요할 경우 충분한 시간을 확보할 수 없게 된다.

점검은 이처럼 총결산이나 결정적인 결말에 다다를 수 있게 해주는 촉진제 같은 역할을 한다. 다음 단계로 나갈 것인지 또는 계약을 할 것인지를 물어보기 직전에 방금 당신이 제시한 추천안이나 아이디어를 고객이 어떻게 느끼고 있는지 파악하기 위해 최종적으로 점검 질문을 던져야 한다.

고객이 그와 같은 점검 질문, 그 중에서도 특히 당신이 제시한 해결책이 고객의 니즈에 얼마나 부합되는지를 묻는 최종 점검 질문에 대해 긍정적으로 반응할 경우 당신은 단순한 자료만이 아니라 자신감을 얻어서 확신을 가지고 다음 단계나 계약을 진행할 수 있다. 만일 피드백이 엉성하거나 부정적이라면 당신은 좀 더 자세히 알아보고 제품의 이미지를 재구성하거나 다시 한 번 노력해 볼 수도 있고, 그도 아니라면 필요에 따라 해결책이나 목적을 수정해야 할지도 모른다. 방문 과정 전체에서 피드백을 요청하면 당신과 고객이 일을 진행해 나가는 데 도움이 된다. 또한 마무리와 관련되는 모든 걱정을 감소시킬 수도 있다. 고객의 반응을 상당히 또렷하게 예견할 수 있을 것이기 때문이다. 즉, 당신의 고객이 그것을 이미 알려준 것이나 다름없다.

## 행동 3  계약을 요청하거나 다음 단계를 확실하게 정한다

　방문이 끝날 즈음이 되면 이제 선택권은 당신에게 있다. 당신은 결정적인 기회를 계속 유지할 수도 있고 그것을 잃어버릴 수도 있다. 앞으로 나아갈 수도 있고 제자리에 머물러 있을 수도 있다. 그런데 그 와중에도 경쟁사는 계속 앞으로 나아가고 있을 것이다. 당신이 자신 있게 계약을 하자고 요청하거나 일이 탄탄하게 자리 잡을 수 있도록 구체적으로 다음 단계에 관한 계획을 정하자고 제안하면 방문을 나서기 전 또는 통화를 끝내기 전에 이미 한 발 앞으로 나아간 셈이다. 당신은 어떤 행동을 해도 좋지만 고객이 다음 단계를 취하거나 결정을 내릴 준비가 되었다고 넘겨짚어서는 안 된다.

　결산을 하는 맥락의 마무리를 하기 위해서는 다음과 같이 말문을 연다.

- "내일 바로 시작할 수 있습니다. 고객께서 시작만 하시면 됩니다."
- "우리 팀은 준비가 되어 있습니다. 저희는 …분야에서 고객님을 지원할 수 있기를 매우 고대하고 있습니다. 이제 그 부분을 진행해도 될까요?"

❏ "…를 시작하셔도 좋습니다. 고객께서 승낙하신 걸로 알고 있어도 되겠습니까?"

이런 경우가 아니라 중대한 결정 순간을 마무리하기 위해서는 다음과 같이 말하면 된다.

❏ "고객께서 …하기를 원하시니 이것이 고객께 매우 잘 맞는다는 사실을 확신시켜드리기 위해 저희가 다음주에는 …를 할 수 있습니다. 저희는 귀사의 지점들이 어떤 역할을 하는지에 관해 논의를 했습니다. 다음주에 제가 그 지점들과 만나서 …를 논의하면서(이점) 그들로부터 의견을 수렴하면 어떨까요? 그러면 그 다음주초쯤에는 저희가 발견한 내용을 가지고 다시 귀하를 만나뵐 수 있을 겁니다. 어떠세요? 고객께서 언급하셨던 지점장의 이름 중에서 세 분을 제가 알고 있습니다. 그 외에 제가 또 만나볼 만한 사람은 없습니까? 그들에게 연락하셔서 제가 방문할 것이라고 미리 알려주실 수 있나요? 감사합니다. 사전 예비지식으로서 제가 그들에 관해 알아야 할 내용은 없습니까? …하는 주에 추가적인 회의를 하는 자리에 저희가 달력과 연필을 가져가면 어떨까요?"

**무언가를 요구하는 연습을 한다.**

일단 동의를 얻은 다음에는 구체적으로 다음 단계에서 누구를 언제 어디서 만날지 정한다. 고객이 방문 내내 긍정적인 피드백을 표현했는데도 만일 당신이 행동 단계로 진행하자고 요청했을 때 동의하지 않는다면 당신은 고객이 느끼는 바를 수긍하고 나서 그 이유를 당당하게 물어보고, 또 그것을 분명하게 밝히고 추가적으로 노력을 기울이거나 목적을 수정할 수도 있다.

다음 단계에 관하여 확실히 알 수 없는 상황일지라도 하다못해 고객에게 "다음 단계로 어떤 것을 예상하고 계십니까?"라는 질문이라도 해볼 수 있다. 하지만 "제가 좀 생각을 해보고 다시 연락을 드리겠습니다."라며 대충 넘겨서는 안 된다. 만일 고객이 다시 만나자고 제안한다면 "좋습니다. 제가 …(날짜)에 …로 찾아뵙겠습니다."라고 말하고 적절한 내용의 다음 단계를 요청한다. 이때 그 내용은 고객이 주도할 수 있는 것이 아니라 당신이 주도할 수 있는 것이어야 하며, 문 밖으로 나올 때 당신은 조종석에 있어야 한다.

세일즈의 주기 상으로 어느 지점에 있든 상관없이 각각의 접촉이 끝날 때쯤이면 그 고객과 함께 일할 수 있어서 너무 기쁘다고 말하며 마무리를 하고 다시 계약을 따낼 수 있도록 씨앗을 뿌려둔다. 예를 들어 "폴, 당신의 …는 …같이 들리는데요(고객을 칭찬한다). 게다가 이 분야는 우리 회사가 …하는 영역이네요(당신의 전문성을 언급한다). 당신과 일할 수 있다면 정말이지 영광일 겁니다. 저는 진심으로 이번 건과 관련해서 당신과 협력(일)할 수 있었으면 좋겠어요."

## PS : 마지막 인상

헤어지기 바로 전에 잠시 시간을 들여서 개성 있게 작별인사를 하면 아주 좋은 인상을 심어줄 수 있다. 당신이 회의를 준비하거나 대화를 나누는 도중에 알게 된 사적인 내용 중에서 일부를 언급하면서 감사하다는 말을 전한다. "경기에서 행운이 따르기를 바랍니다.", "콘서트 잘 다녀오십시오."라고 말이다.

모든 이가 마무리 역을 좋아한다.

---

**5단계 : 실행**

행동 1 : 방문 전에 고객에게 기대하는 행동 파악
행동 2 : 방문 진행 도중 피드백 요청
행동 3 : 계약 요청/다음 단계 확정

## 실행 사전 계획표

고객 : _____     날짜 : _____

방문 목적 : _____

☐ 최종결산 마무리     ☐ 결정 마무리

---

**고객에게 기대하는 행동 파악**
(측정 가능한 목적을 정한다)

---

**점검 질문**
(대화 중간의 어느 특정 핵심 포인트에서 피드백을 요구할 것인가?)

---

**계약 체결 요청/다음 단계 확정**



긍정적인 마지막 인상을 남긴다.

## 실행 사후 보고서

고객 : _____   날짜 : _____

방문 목적 : _____

| | 예 | 아니오 | 특이사항/행동 단계 |
|---|---|---|---|
| **측정 가능한 목적을 수립했는가?** | ☐ | ☐ | |
| ▶ 일정 계획상 측정 가능한 목적을 수립했는가? | | | |
| **점검 질문** (방문 내내 피드백을 요구한다) | ☐ | ☐ | |
| ▶ 고객의 반응을 이끌어가기 위해서 회의 진행 도중 내내 피드백을 요구했는가? | | | |
| **계약 체결을 요구하거나 다음 단계를 요청한다** (언제나 씨앗을 뿌려둔다) | ☐ | ☐ | |
| ▶ 계약을 체결하자고 요청하거나 구체적으로 다음 단계를 정하자고 제안했는가?<br>▶ 객관성을 가지고 있었는가? | | | |

## 실행 사후 보고서(계속)

|  | 예 | 아니오 | 특이사항/행동 단계 |
|---|---|---|---|
| 긍정적인 마지막 인상 | ☐ | ☐ |  |
| ▶긍정적인 마지막 인상을 남겼는가? |  |  |  |

☐ 5단계인 실행을 계속할 것인가?

▶5단계를 계속해서 진행한다

철저하면서도 신속하게
준비할 수 있는

## 다섯 가지 단계

판촉 방문이라는 자체가 고객의 니즈를 찾아낼 수 있는 금광과도 같은 과정이지만 잠재 고객이나 기존 고객을 방문하기 전에 반드시 그들에 관해 먼저 알고 있어야만 5단계를 최대한 활용할 수 있다. 방문 목적을 설정하고 또 전통적인 예습복습을 하는 것에 덧붙여 요즘에는 인터넷까지 활용할 수 있다. 그렇게 하면 잠재 고객이나 기존 고객이 인터넷이라는 것 자체를 하나의 조직체로서 어떻게 생각하는지 감을 잡을 수 있고, 그런 내용을 당신이 가진 네트워크 안에 입력할 수 있다.

오늘날에는 인터넷을 이용하여 기업이든 개인이든 또 잠재 고객이든 기존 고객이든 그들에 관한 연구를 신속하고 수월하게 진행할 수 있게 되었고, 그들을 네트워크로 연결함으로써 그 어느 때보다 고객에게 다가갈 수 있는 접근성이 좋아졌다.

적어도 고객의 웹사이트에 들어가서 그 회사에 관한 사실들과 소속된 임원들에 관하여 알아본다.

그들이 당면하고 있는 문제점은 무엇인가?

그들이 스스로를 표현할 때 어떤 단어로 기술하는지를 살펴본다.

그들은 스스로를 혁신가라고 여기고 있는가?

그들은 자신들의 역사와 회사가 표방하는 팀 중심주의, 회사를 설립한 창업자를 자랑스러워하는가?

그들이 스스로를 묘사할 때 사용하는 핵심 구절은 무엇인가?

핵심 구절이나 단어들의 목록을 만들어라. 그러한 정보가 의미하는 바가 무엇일지를 당신 스스로 자문해보라. 또한 고객과의 대화나 기타 준비 작업을 통해 알아낸 내용들을 이행할 때 그런 리스트를 활용함으로써 당신이 발표하는 내용이 최대한 설득력을 발휘하도록 만들 수 있는 방법도 생각해보라. 당신이 구축한 고객정보시스템에 저장된 내용들을 검토해보라. 당신의 팀원들이 가지고 있는 재원들도 거기에 입력해 넣는다. 또한 고객의 웹사이트도 점검하고 그와 관련된 업체들의 사이트도 물론 살펴보아야 한다.

준비 과정에 소요되는 시간을 절약함과 동시에 기술적인 내용을 좀 더 전략적으로 준비하기 위해서는 고객 자체에 관한 준비부터 시작해야 한다. 이때 어떤 방문이든 그에 대한 준비를 할 때 늘 도움이 되는 5단계를 활용한다.

당신이 준비를 신속하게 마칠 수 있도록 다음의 5단계와 행동들을 적당하게 훑고 지나간다.

### 1단계 : 접촉

- 어떻게 라포르를 형성할 것인가? 사적으로? 업무적으로?
- 이번 방문은 어떻게 해서 이루어졌는가? 지금까지 알려진 사실은 무엇인가? 당신이 준비 작업을 하는 데 필요한 신용을 어떻게 얻을 것인가?
- 필요한 경우 당신은 회사와 본인 스스로를 어떻게 소개할 것인가?

### 2단계 : 탐색

- 어떤 질문을 할 것인가?
- 기술적인 질문은 물론이고 전략적인 질문까지 포함시켰는가?
- 고객이 어떤 질문을 할 것이라고 예상하는가?

### 3단계 : 유인

- 어떤 내용을 발표할 것인가?

- 그 내용을 고객의 니즈에 맞추어 표현하려면 어떻게 해야 되는가?
- 대안으로는 무엇을 준비했는가?
- 스스로를 뒷받침하기 위해서는 어떤 자료들이 필요한가?
- 당신이 준비한 성공담이나 사례는 무엇인가?

**4단계 : 해결**

- 어떤 반대의사가 나올 것으로 예상하는가?
- 그것을 어떤 식으로 해결할 것인가?

**5단계 : 실행**

- 이번 방문에서 목표로 했던 측정 가능한 목적을 달성했는가?
- 어떤 식으로 방문을 마무리할 것인가?
- 당신이 바라는 구체적인 행동 단계나 일정 계획은 무엇인가?

판촉 방문을 후다닥 해치우고 싶다는 유혹이 산더미처럼 덮쳐올 수도 있다. 경험이 많은 세일즈맨이거나 고객의 요구사항에다 관리 행정적인 업무 및 기타 업무로 인한 온갖 압박에 시달리는 경우라면 특히 더 그럴 것이다. 아무리 그렇더라도 모든 고객과의 접촉 하나하나에서 최대한의 결과를 이끌어내려면 반드시 준비를 해야만 한다. 이는 방문을 좀 더 성공적으로 이끌어줄 뿐만 아니라 당신이 스스로를 표현하는 양상도 변화시킨다. 준비가 갖추어졌을 때는 당신 자신도 그 사실을 알기 때문에 확신을 가지고 당당하게 행동할 수 있다. 당신이 준비가 미흡할 때는 혹 고객이 그것을 알아차리지 못할 수도 있지만 반대로 만반의 준비를 갖추고 있을 때는 고객이 반드시 알아차릴 수 있다.

준비를 하면 고객의 호감을 얻고,
또 인정받을 수 있으며,
더 많은 일을 성사시킬 수 있다.

## 방문 이후에 간략한 보고서를 작성한다

다른 팀원들의 도움을 받기는 하겠지만 판촉 방문에 관련되는 대부분의 일은 당신 혼자서 처리해야 할 것이다. 고객의 니즈나 세일즈 실적에 관하여 다른 사람의 견해를 공유하면 좋지만 그럴 만한 동료가 아무도 없는 경우에는 방문 후에 자체적으로 점검을 해보는 일이 매우 중요하다. 5단계를 활용하면 일상 속에서도 스스로를 코치할 수 있으며 결과적으로 점진적으로 발전해 나갈 수 있는 능력이 길러진다. 방문했던 일을 잠깐 동안 되짚어보면서 스스로 깨달을 수 있는 능력이 발달되고, 또 지속적으로 향상될 것이다.

판촉 방문이 끝난 다음에 그 내용을 되짚어볼 시간은 없다고 생각할지도 모르겠다. 그렇다. 사실상 많은 경우 판촉 방문은 바로바로 이어지기 일쑤이다. 장소를 이동해야 하는 어려움 속에서 휴대전화와 소지품들까지 신경을 쓰면서 여기저기 움직여야 한다. 하지만 방문 내용을 보고하지 않도록 만드는 진짜 원흉은 그럴 생각 자체를 하지 않거나 혹은 그렇게 해야 된다는 사실 자체를 몰라서인 경우가 더 많다.

방문 보고를 작성하는 것을 세일즈 철칙으로 삼는 사람을 역할 모델로 두지 않는 세일즈맨들이 대다수이다. 사람 좋고 헌신적인 세일즈 담당자라 하더라도 "괜찮은 방문이었어."라는 식으로 말하기 십상이다. 방문 보고의 내용으로 방문이 성공적으로 이루어질 수 있었던 요인은 무엇인지, 또 다음번에는 어떻게 하면 더 좋은 결과를 얻을 수 있을지 되새기는 것이 아니라 그렇게 대강 한마디로 치부해버리는 것이다.

물론 방문을 한 다음에 추가로 무엇을 해야 할지 생각할 것이고 그것이 중요하기는 하지만 추가조치를 취한다고 해서 반드시 상황이 호전되지는 않는다. 잠시 짬을 내어 자신이 어떤 식으로 만남을 이끌어갔는지를 심사숙고하는 세일즈맨은 그리 많지 않은 반면 자기가 어떤 일을 해냈는지 그리고 다음으로 무엇을 해야 할지만을 생각하는 경우가 많은 것 같다.

하지만 그 시점에서 지속적으로 상황이 호전될 가능성은 여전히 남아 있으며, 그렇게 하는 데에는 단 몇 분만 할애하면 된다. 그렇게 하면 다음번 방문에서 더 좋은 결과를 얻을 것이라고 확신할 수 있다. 이를 위해서는 그저 방문이 끝난 직후 몇 분 동안 짬을 내서 정직하게 방문 내용을 되짚어보면서 결과 위주로만 볼 것이 아니라 만남의 주도적 역할이라는 관점에서도 점검해보면 된다. 사후보고는 굳이 공을 들이거나 교육적일 필요가 없다. 이를 능숙하게 해내는 세일즈맨은 그야말로 단 몇 분만에 사후보고를 마칠 수 있다.

### 사후보고를 하는 방법

방문에 대한 사후보고를 하는 목적은 평가와 수정을 통한 개선이다. 그러기 위해서는 5단계를 훑어보아야 한다.

**접촉** : 존재감, 라포르, 준비 내용 소개, 니즈로의 전환
**탐색** : 니즈를 탐색하고 깊이 파고든다.
**유인** : 구조화, 고객맞춤형, 고객맞춤형, 고객맞춤형, 점검
**해결** : 구체적인 반대의사의 의미를 명확하게 알아내고 전달한다.
　　　　피드백을 요청한다.
**실행** : 목적 달성, 분명하고 구체적인 다음 단계 설정

이처럼 다섯 가지 단계를 훑어볼 때는 우선 제대로 이루어진 부분을 찾아본다. 그런 다음 좀 더 개선될 수 있었던 부분에 초점을 맞춘다. 하나의 단계에 초점을 맞춘 경우에는 각 단계별로 사후보고 도구를 이용하면 되고 아니면 199쪽에 나오는 판촉 방문 사후보고서를 활용할 수도 있으며, 머릿속으로만 5단계를 하나씩 훑어갈 수도 있다.

방문에 관해 사후점검을 할 때는 당신 스스로 의기소침해지지 않도록 명심해야 한다. 그런 과정에서 당신은 아주 많은 것을 깨달을 수 있고 그간의 노고에 대해 치하를 받을 자격이 충분하다.

하지만 그와 동시에 어디에서 실수를 했는지 간과하지 않도록 조심해야 하며 다음의 내용을 찾아내야 한다.

**핵심적인 강점 한 가지
그리고
개선의 여지가 있는 핵심 영역 한 가지**

예를 들어 한 세일즈맨이 자신이 고객에게 질문을 할 때 효과성이 저하되고 있다는 사실을 깨달았다. 고객은 두 가지를 물었고 세일즈맨은 그 질문에 대답을 했다. 하지만 방문 후에 사후보고를 하면서 한 번도 피드백을 받지 않았고 고객이 제기한 문제에 관심을 기울이는 이유가 무엇인지 물어보지도 않았다는 사실을 깨달았다. 그래서 다음 방문 때는 질문과 경청이라는 부분에 더욱 역점을 두었다.

일단 노력을 기울여야 할 영역을 하나 찾아냈다면 과거의 방문에서는 어떤 식으로 행동했는지 그 흐름을 비교해보면 훨씬 더 통찰력 있는 사실을 발견할 것이다. 그런 다음 수정보완 조치를 하기 위한 계획을 수립한다. 그 내용은 제품관련 지식을 향상하는 것이거나 다음번 방문에 질문할 것에 초점을 맞출 수도 있고 다음번 방문에서 구체적인 행동 단계를 적절히 구사하면서 만남을 마무리하는 것일 수도 있다.

방문에 대한 사후보고를 하면 지금까지 했던 행동 단계들보다 훨씬 더 나은 행동 단계들을 추가적으로 찾아낼 수 있다. 예를 들어 만일 아직 구체적인 행동 단계를 다 끝내지 않았다면, 추가로 이메일을 보내거나 전화를 걸어서 지난 방문에 대한 추후조치로 만나자고 제안함으로써 결정적인 기회를 다시 얻을 수도 있다.

사후보고를 실천하면 고객관계관리 시스템 속에 수치와 기술적인 사실들 외에 그 이상의 것을 추가할 수 있다. 직감이나 고객이 사용했던 말들, 고객이 우려하는 부분, 고객의 생일 같은 사적인 자료에 이르기까지의 모든 정보들은 후속방문을 위해, 또 다음번 접촉을 위해 또는 다른 사람들로부터 차별화될 수 있는 방법으로 활용할 수 있다.

## 팀원들과의 사후보고

　동료들과 함께 방문했을 때도 사후보고가 마찬가지로 효과적이면서 신속하게 이루어질 수 있다. 방문을 하기 전에 몇 분간 방문에 관해 사후보고를 하기로 서로 합의한다. 짧게는 2분에서 길어도 8분 미만으로 정한다. 변명을 하거나 방어적인 태도를 취하지 말고 서로 사실대로 상대방의 피드백을 경청한다. 팀원과의 사후보고를 촉진하려면 당신이 스스로의 행동결과에 대해 먼저 평가하는 것으로 시작하면 된다. 강점을 가진 부분을 한 가지 찾아내고 개선의 여지가 있는 부분도 한 군데 찾아낸다. 많아도 두 가지를 넘지 않도록 하며 그 내용은 구체적이어야 한다. 여러 가지 사례들을 활용하라.

　그런 다음 동료에게 피드백을 달라고 요청한다. 역시 핵심 강점 한 가지와 개선할 부분 한 가지를 말해달라고 하는 것이다.

　이제 당신 동료가 똑같은 과정을 반복한다. 두 사람 간의 협력이 잘 이루어졌는지 또 서로가 어떻게 도왔는지를 상의해본다. 또 장래의 방문에 대비해서 착수해야 할 일과 서로의 협조관계를 개선하기 위해 할 일은 무엇인지 각자 정해야 한다.

　이때 방문에서 목적한 바를 얼마나 달성했는지를 측정한 다음 후속적인 만남에 집중해야 한다는 것은 당연한 일이다. 하지만 잠시 짬을 내어 동료와의 협조가 얼마나 잘 이루어졌는지도 고려해보아야 한다. 스스로와 상대방에게 코치의 역할이 되어야 한다.

## 판촉 방문 사후보고서

고객 : _____    날짜 : _____

방문 목적 : _____

|  | 예 | 아니오 | 특이사항/행동 단계 |
|---|---|---|---|
| **접촉** | ☐ | ☐ |  |
| 사적인/업무적인 라포르 |  |  |  |
| 상황의 요약 |  |  |  |
| 준비 내용 소개 |  |  |  |
| 이중 목적 |  |  |  |
| 니즈로의 전환 |  |  |  |

|  | 예 | 아니오 | 특이사항/행동 단계 |
|---|---|---|---|
| **탐색** | ☐ | ☐ |  |
| 고객의 반대의사 |  |  |  |
| 현재 상황 |  |  |  |
| 기술적인 니즈 |  |  |  |
| 장애 니즈 |  |  |  |
| 사적인 동기 |  |  |  |

## 판촉 방문 사후보고서(계속)

| | 예 | 아니오 | 특이사항/행동 단계 |
|---|---|---|---|
| **유인** | ☐ | ☐ | |
| 해결책 제시 | | | |
| 고객맞춤형 해결책 | | | |
| 요약 | | | |

| | 예 | 아니오 | 특이사항/행동 단계 |
|---|---|---|---|
| **해결** | ☐ | ☐ | |
| 수긍/공감 | | | |
| 분명하게 밝힌다 | | | |
| 고객맞춤형 대응책/제안 | | | |
| 피드백 점검 | | | |

| | 예 | 아니오 | 특이사항/행동 단계 |
|---|---|---|---|
| **실행** | ☐ | ☐ | |
| 방문 전에 측정 가능한 목적 설정 | | | |
| 방문 동안 점검 질문하기 | | | |
| 계약체결 요청 또는 다음 단계 요청 | | | |
| 긍정적인 마지막 인상 남기기 | | | |

# 각자의 계획

## 한 번에 한 단계씩

한 번에 한 단계씩 다섯 단계를 연결해서 연습한다. 월요일에서 금요일까지 매일 하루에 한 단계씩 또는 일주일에 한 단계씩, 아니면 당신 나름대로 정해서 하면 된다. 각 단계가 거의 본능적으로 몸에 밸 때까지를 목표로 삼는다.

각 단계에 해당하는 내용과 행동들을 읽어본다. 방문하기 전에 준비를 하면서 계획표를 활용하고 방문이 이루어지는 동안에는 그 날 혹은 그 주에 해당하는 단계에 초점을 맞춘다. 해당하는 단계의 성과를 측정하는 동시에 스스로를 코치하기 위해서 방문사후보고서를 활용한다. 일단 하나의 단계를 완전히 터득하면 다음 단계로 넘어간다.

당신의 세일즈 역량을 강화하기 위해서 당신이 동원할 수 있는 모든 수단을 최대한 이용한다. 최고의 운동선수들은 코치가 여러 명 있듯이 당신도 여러 명의 코치를 가질 수 있다.

- 세일즈 부장에게 코칭과 피드백을 부탁한다.
- 동료들에게 피드백을 부탁한다. 서로 코치를 해준다는 약속을 정한다.
- 방문 후에 사후보고를 함으로써 스스로를 코치한다. 이는 단지 방문의 결과나 후속 방문을 위해서만이 아니라 5단계를 활용해서 방문을 잘 이끌어갔는지 알아볼 수 있는 방법도 된다.

또, 다음과 같이 손에 넣을 수 있는 모든 수단을 활용한다.

- 리처드슨 사이버 세일즈 관리 요령(Richardson Cyber Sales and Management Tips)은 인터넷을 기반으로 세일즈맨들에게 월 단위로 무료 정보를 제공하는데, 세일즈와 협상 및 고객 발굴 등의 분야를 다룬다. www.richardson.com이나 24시간 운영하는 무료서비스 '리처드슨에게 물어보세요(Ask Richardson)'를 통해 이용 가능하다. 이 서비스는 세일즈나 세일즈 관리 분야에 관한 질문에 대한 상담을 해준다.

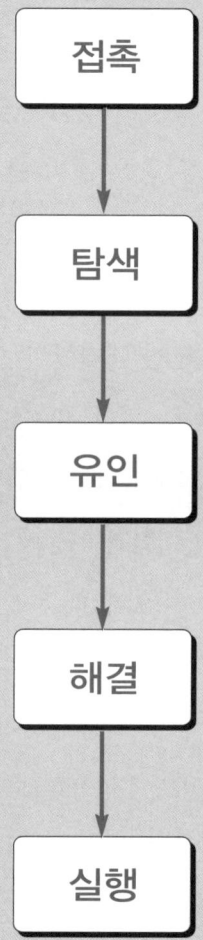

❏ 세일즈 관련 서적, CD, 〈셀링 파워〉 같은 세일즈 관련 잡지

❏ 세미나, 웹 세미나, 인터넷 상의 미디어 자료, 블로그

❏ 고객이나 해당 업계 그리고 경쟁사에 관하여 인터넷을 검색한다.

**세일즈 일을 하는 것은 그것이 적성에 맞기 때문이다**

이 길을 당신이 찾았든 혹은 길이 당신을 찾았든, 세일즈는 당신이 걸어가고 있는 길이다. 그리고 판촉 방문은 당신이 세일즈라는 길을 가기 위해 거치는 통로와 같은 것으로, 그에 관해 더 잘 알수록 각 방문을 더 잘 처리할 수 있는 권능을 가질 수 있고 또 더 큰 성과를 얻을 수 있다. 5단계를 통달하면 대화의 기법이 향상되므로 좀 더 상호적이고 짜임새 있으면서 고객과 당신 모두에게 더 효과적인 대화가 가능해진다. 이 다섯 단계는 고객을 최우선으로 고려할 수 있게 해준다. 이것을 활용하면 신규 고객을 발굴할 수도 있고 기존 고객과의 거래 범위도 확대할 수 있다.

당신은 늘 완벽한 세일즈에 필요한 모든 것을 이미 가지고 있다. 대화는 당신이 하는 거래에서 하나의 도구이다. 고객은 대화를 통해 당신이 그의 세계로 들어갈 수 있도록 해준다. 당신은 대화를 통해 고객이 당신에 대해 가지는 생각을 형성하고 당신의 가치관을 심어줄 수 있다.

당신이 고객을 대면하는 그 순간이 바로 당신이 최상의 모습으로 비쳐야 하는 때이다. 5단계를 제2의 본능이 될 정도로 갈고 닦음으로써 당신은 모든 판촉 방문에서 스스로를 코치할 수 있다. 5단계를 체득하고 나면 당신은 대화를 원하는 방향으로 주도해 나갈 수 있다. 일단 이 단계들이 몸에 배고 나면 머릿속으로는 여전히 그 내용을 생각하면서도 행동에서 부자연스러운 요소들이 사라질 것이다.

판촉 방문의 5단계는 기계장치와도 같은 것이다. 당신이 그것을 어떻게 작동시키느냐가 기술이다. 세일즈에 경험이 많다면 이 단계를 활용함으로써 탁월한 실적을 올릴 날이 바로 코앞에 다가왔다는 사실을 알 수 있을 것이다. 만일 세일즈라는 세계로 막 들어섰다면 이제 흥미진진한 여정이 펼쳐질 것이다.

"…우리가 할 수 있는 일은 오직 다른 이들과 서로 소통하는 것뿐이다…"

-체슬라브 밀로즈

5단계를 터득하고 나면 당신은 다음의 것들을 자유로이 구사할 수 있을 것이다.

- 고객과의 관계가 어느 정도 수준인지 면밀하게 검토한다.
- 더 많은 질문을 하고 적극적으로 경청한다.
- 고객이 어떻게 느끼고 생각하는지 파악한다.
- 고객이 사용하는 용어로 표현한다.
- 당신이 하는 말의 설득력을 높인다.
- 진실로 가치를 더한다.
- 고객과의 관계를 구축하고 심화한다.
- 더 많은 일을 성사시킨다.

《세일즈 스킬 Up, 5일 안에 판매왕 되기》는 하나의 절차이다. 이를 실천하기 위해서는 자기 자신에 관해 알려는 노력을 해야 하고, 또 알아야 한다. 5단계를 익히기 위해 시간을 들이고 또 한 번에 한 가지씩 적용해보기도 하며 스스로를 코치하는 과정에서 당신의 세일즈 역량은 완벽해질 것이다. 머지않아 "이건 너무 간단하잖아."라고 말할지도 모르겠다. 일을 성사시키기 위해 어떻게 해야 될지 알았으니 이제 고객을 방문할 때마다 그대로 실천하기만 하면 되기 때문이다.

그리고 그것이 바로
퍼펙트 세일즈, 완벽한 세일즈이다.

## 세일즈 스킬 Up
### 5일 안에 판매왕 되기

| | |
|---|---|
| 초판 1쇄 인쇄 | 2009년 4월 3일 |
| 초판 1쇄 발행 | 2009년 4월 9일 |
| 지은이 | 린다 리처드슨 |
| 옮긴이 | 박영수 |
| 펴낸이 | 이대희 |
| 펴낸곳 | 지훈출판사 |
| 기획편집 | 허남희 |
| 디자인 제작 | 심정희 |
| 마케팅 | 신진식, 윤태영 |
| 교정, 교열 | 이홍림 |
| 경영지원 | 안지영, 김정미 |
| 공급처(서경서적) | 전화 02-737-0904 팩스 02-723-4925 |
| 출판등록 | 2004년 8월 27일 제300-2004-167호 |
| 주소 | 서울시 종로구 필운동 278-5 세일빌딩 지층 |
| 전화 | 02-738-5535~6 |
| 팩스 | 02-738-5539 |
| E-mail | jihoonbook@naver.com |

편집저작권ⓒ2009 지훈출판사
ISBN 978-89-91974-23-4 13320

잘못 만들어진 책은 구입하신 서점에서 교환하여 드립니다.

# 세일즈 스킬 Up
## 5단계 플래닝 프로그램

5일 안에 배우는 판매왕의 세일즈 기술!
당신도 장황한 떠벌이에서 유능한 판매왕으로 거듭날 수 있다.

# PERFECT SELLING

# 세일즈 스킬 Up
## 5단계 플래닝 프로그램

5일 안에 배우는 판매왕의 세일즈 기술!
당신도 장황한 떠벌이에서 유능한 판매왕으로 거듭날 수 있다.

### 5일 안에 세일즈 스킬 올리는 법

## 몸에 배게 하여 제2의 천성으로 만들어라

　세일즈맨에게 고객을 만나러 가는 길은 어느 정도의 긴장감이 감돌 수 있지만, 헤어지고 돌아오는 길은 만족감으로 채워져야 한다. 세일즈 성공 예감을 확신하고 성과를 올리는 당신만의 기술이 있는가? 세일즈 스킬 5단계를 몸에 배게 익힌다면 매 순간 능숙하게 활용할 수 있게 되어 당신에게 제2의 천성이 될 것이다. 고객의 사무실로 찾아갈 때나 고객과 전화 통화를 할 때 이 5단계가 본능적으로 떠오를 것이다.

　세일즈 스킬 5단계는 하루 또는 한 주에 한 단계씩, 월요일부터 금요일까지 죽 연결해서 당신이 가지고 있는 세일즈에 관한 전문지식과 나름대로의 요령을 바탕으로 훈련하는 것이다. 다음 단계로 넘어가기 전에 하나의 단계에만 집중하다 보면 단순한 이해의 차원을 넘어 실행의 차원으로 넘어갈 수 있고, 또 점진적으로 한 번에 한 단계씩 성장할 때마다 그 효과는 기하급수적으로 커진다는 사실을 경험할 것이다. 일단 한 단계를 습득하고 나면 실제로 몇 번의 방문에서 그 내용을 적용해보라. 그런 식으로 그날의 일을 검토하면 다음 단계로 넘어갈 시기가 언제인지 깨달을 수 있다.

　자기 것으로 만든 세일즈 스킬 5단계는 머릿속에 장착된 내비게이션과 같다. 이 내비게이션이 고객과 만나는 동안 쉬지 않고 올바른 방향을 제시해주기 때문에 당신은 길을 잃을 염려 없이 원하는 목적지에 도달할 수 있다.

　여기 소개한 단계들을 어디서 본 것 같다고, 비슷한 것을 안다고 하지 말고 반드시 실행에 옮겨라.

**1단계**

## 접촉 사전 계획표

고객 : _____   날짜 : _____

방문 목적 : _____

---

### ❏ 인사/소개

---

### ❏ 라포르

▶ 사적인 라포르

▶ 업무적인 라포르

---

### ❏ 만남에 관한 간략한 설명/준비 사항 도입

▶ 판촉 방문을 하게 된 경위 설명

▶ 미리 준비한 사항 도입

---

### ❏ 이중의 목적과 점검

▶ 고객의 목적을 파악/업데이트하기 위한 발언

▶ 고객에게 돌아가는 잠재적인 이점

▶ 의견을 조정하기 위한 점검

---

### ❏ 나 자신 그리고/또는 회사에 대한 신임을 얻는다 (필요한 경우)

---

### ❏ 탐색과정으로의 전환

▶ 몇 가지 질문을 해도 좋을지 고객의 양해를 얻는다.

**1단계**

## 접촉 사후 보고서

고객 : _____   날짜 : _____

방문 목적 : _____

|  | 예 | 아니오 | 특이사항/행동 단계 |
|---|---|---|---|
| **인사/소개** | ☐ | ☐ | |
| ▶ 강력한 존재감을 가지고 인사/소개했는가 | | | |
| ▶ 긍정적인 첫인상을 만들어냈는가 | | | |

|  | 예 | 아니오 | 특이사항/행동 단계 |
|---|---|---|---|
| **효과적인 라포르** | ☐ | ☐ | |
| ▶ 사적인 라포르가 형성되었는가 | | | |
| ▶ 업무적인 라포르가 형성되었는가 | | | |

|  | 예 | 아니오 | 특이사항/행동 단계 |
|---|---|---|---|
| **요약/준비사항 도입** | ☐ | ☐ | |
| ▶ 방문하게 된 과정을 요약한 다음 준비한 내용을 소개했는가 | | | |

|  | 예 | 아니오 | 특이사항/행동 단계 |
|---|---|---|---|
| **이중의 목적/점검** | ☐ | ☐ | |
| ▶ 더 많은 것을 파악하는 것과 고객이 얻는 혜택에 방문의 초점을 맞춘다는 이중의 목적을 전개했는가 | | | |

|  | 예 | 아니오 | 특이사항/행동 단계 |
|---|---|---|---|
| **탐색으로의 전환** | ☐ | ☐ | |
| ▶ 당신이 좀 더 깊이 알아보아도 좋을지 고객의 양해를 구하면서 전환했는가 | | | |

## 탐색 사전 계획표

고객 : _____   날짜 : _____

방문 목적 : _____

❑ 목적 질문

❑ 현재 상황 질문

❑ 기술적인 질문

❑ 장래 니즈와 사적인 니즈 질문

## 탐색 사후 보고서

2단계

고객 : _____   날짜 : _____

방문 목적 : _____

|  | 예 | 아니오 | 특이사항/행동 단계 |
|---|---|---|---|
| **목적질문** | ☐ | ☐ |  |
| ▸ 목적 질문을 했는가<br>▸ 수긍하고 더 깊이 알아보았는가<br>▸ 다른 목적들을 설정했는가 |  |  |  |

|  | 예 | 아니오 | 특이사항/행동 단계 |
|---|---|---|---|
| **현재 상황 질문** | ☐ | ☐ |  |
| ▸ 현재의 상황을 탐색했는가<br>▸ 수긍하고 더 깊이 알아보았는가 |  |  |  |

|  | 예 | 아니오 | 특이사항/행동 단계 |
|---|---|---|---|
| **기술적인 질문** | ☐ | ☐ |  |
| ▸ 목적 질문을 하였는가<br>▸ 수긍하고 더 깊이 알아보았는가 |  |  |  |

|  | 예 | 아니오 | 특이사항/행동 단계 |
|---|---|---|---|
| **장래 니즈와 사적인 니즈 질문** | ☐ | ☐ |  |
| ▸ 장래의 니즈를 설정했는가<br>▸ 수긍하고 더 깊이 알아보았는가<br>▸ 사적인 동기를 분명하게 정했는가 |  |  |  |

3 단계

## 유인 사전 계획표

고객 : _____  날짜 : _____

방문 목적 : _____

---

### ❏ 계획성 있는 소개

▶ 고객의 니즈를 먼저 개괄

▶ 해결책의 핵심 부분 빠짐없이 개괄, 고객의 니즈에 맞는 우선순위 선정

### ❏ 고객 맞춤형 해결책

▶ 고객 맞춤형 해결책 제시

▶ 우선순위에 따른 설명

▶ 고객에 맞추어/고객의 언어를 사용해서/당신 회사는 내부적으로 어떻게 생각하고 있는지

▶ 간결성 유지

### ❏ 요약과 점검

▶ 고객 맞춤형 요약

▶ 점검 질문

**3단계**

## 유인 사후 점검표

고객 : _____   날짜 : _____

방문 목적 : _____

|  | 예 | 아니오 | 특이사항/행동 단계 |
|---|---|---|---|
| **인사/소개** | ☐ | ☐ |  |
| ▶ 고객의 니즈와 해결책을 연관 지어 말했는가?<br>▶ 세부 사항으로 넘어가기 전에 해결책을 구성하는 모든 핵심요소들을 니즈와 연관 지어 소개했는가?<br>▶ 고객이 우선시하는 니즈에서부터 시작했는가? |  |  |  |
| **고객맞춤형 해결책** | ☐ | ☐ |  |
| ▶ 핵심 니즈를 언급했는가?<br>▶ 모든 니즈를 통합시켰는가?<br>▶ 내가 제시한 해결책이 구체적이면서도 간결했는가? |  |  |  |
| **요약과 점검** | ☐ | ☐ |  |
| ▶ 고객의 니즈에 맞추어 간결하게 요약했는가?<br>▶ 해결책이 고객의 니즈를 얼마나 반영하고 있는지 알아보기 위해 피드백을 점검했는가?<br>▶ 설득력 있게 말했는가? |  |  |  |

# 해결 사전 계획표

고객 : _____    날짜 : _____

방문 목적 : _____

| 예상되는 반대의사 | 수긍한다 | 명확화를 위한 질문 | 고객맞춤형 답변 | 피드백을 요청하는 질문 |
|---|---|---|---|---|
| | | | | |
| | | | | |
| | | | | |

# 해결 사후 보고서

**4단계**

고객 : _____    날짜 : _____

방문 목적 : _____

| | 예 | 아니오 | 특이사항/행동 단계 |
|---|---|---|---|
| **수긍/공감 발언** | ☐ | ☐ | |
| ▶ 반대의사를 수긍했는가?<br>▶ 반대의사가 좀 더 사적이고 심각하거나 감정적인 것이었다면 공감할 수 있었겠는가? | | | |
| **반대의사를 줄여 나가기 위한 질문** | ☐ | ☐ | |
| ▶ 반대의사를 줄여 나가기 위해 자세히 알아보았는가?<br>▶ 깊숙이 파고들었는가? | | | |
| **고객맞춤형 답변/추천** | ☐ | ☐ | |
| ▶ 답변을 고객에게 맞추어 구성했는가?<br>▶ 답변 내용 속에 고객이 사용한 말들을 통합시켰는가?<br>▶ 고객을 좀 더 설득하기 위해 성공담을 활용하였는가(선택사항)? | | | |
| **피드백을 위한 점검** | ☐ | ☐ | |
| ▶ 당신의 답변이 고객의 반대의사에 얼마나 근접했는지 알아보기 위해 고객에게 피드백을 요청했는가?<br>▶ 반대의사를 해소했는가?<br>▶ 다른 반대의사는 없는지 찾아보았는가? | | | |

# 5단계

## 실행 사전 계획표

고객 : _____     날짜 : _____

방문 목적 : _____

☐ 최종결산 마무리    ☐ 결정 마무리

---

**고객에게 기대하는 행동 파악**(측정 가능한 목적을 정한다)

---

**점검 질문**(대화 중간의 어느 특정 핵심 포인트에서 피드백을 요구할 것인가?)

---

**계약 체결 요청/다음 단계 확정**

긍정적인 마지막 인상을 남긴다.

**5단계**

# 실행 사후 보고서

고객 : _____        날짜 : _____

방문 목적 : _____

| | 예 | 아니오 | 특이사항/행동 단계 |
|---|---|---|---|
| **측정 가능한 목적을 수립했는가** | ☐ | ☐ | |
| ▶ 일정 계획상 측정 가능한 목적을 수립했는가? | | | |
| **점검 질문**(방문 내내 피드백을 요구한다) | ☐ | ☐ | |
| ▶ 고객의 반응을 이끌어가기 위해서 회의 진행 도중 내내 피드백을 요구했는가? | | | |
| **계약 체결을 요주하거나 다음 단계를 요청한다**(언제나 씨앗을 뿌려둔다) | ☐ | ☐ | |
| ▶ 계약을 체결하자고 요청하거나 구체적으로 다음 단계를 정하자고 제안했는가? | | | |
| ▶ 객관성을 가지고 있었는가? | | | |
| **긍정적인 마지막 인상** | ☐ | ☐ | |
| ▶ 긍정적인 마지막 인상을 남겼는가? | | | |

**1단계**

## 접촉 사전 계획표

고객 : _____     날짜 : _____

방문 목적 : _____

---

❑ **인사/소개**

---

❑ **라포르**

▶ 사적인 라포르


▶ 업무적인 라포르

---

❑ **만남에 관한 간략한 설명/준비 사항 도입**

▶ 판촉 방문을 하게 된 경위 설명


▶ 미리 준비한 사항 도입

---

❑ **이중의 목적과 점검**

▶ 고객의 목적을 파악/업데이트하기 위한 발언


▶ 고객에게 돌아가는 잠재적인 이점


▶ 의견을 조정하기 위한 점검

---

❑ **나 자신 그리고/또는 회사에 대한 신임을 얻는다** (필요한 경우)

---

❑ **탐색과정으로의 전환**

▶ 몇 가지 질문을 해도 좋을지 고객의 양해를 얻는다.

# 접촉 사후 보고서

1 단계

고객 : _____          날짜 : _____

방문 목적 : _____

| | 예 | 아니오 | 특이사항/행동 단계 |
|---|---|---|---|
| **인사/소개** | ☐ | ☐ | |
| ▶ 강력한 존재감을 가지고 인사/소개했는가 | | | |
| ▶ 긍정적인 첫인상을 만들어냈는가 | | | |

| | 예 | 아니오 | |
|---|---|---|---|
| **효과적인 라포르** | ☐ | ☐ | |
| ▶ 사적인 라포르가 형성되었는가 | | | |
| ▶ 업무적인 라포르가 형성되었는가 | | | |

| | 예 | 아니오 | |
|---|---|---|---|
| **요약/준비사항 도입** | ☐ | ☐ | |
| ▶ 방문하게 된 과정을 요약한 다음 준비한 내용을 소개했는가 | | | |

| | 예 | 아니오 | |
|---|---|---|---|
| **이중의 목적/점검** | ☐ | ☐ | |
| ▶ 더 많은 것을 파악하는 것과 고객이 얻는 혜택에 방문의 초점을 맞춘다는 이중의 목적을 전개했는가 | | | |

| | 예 | 아니오 | |
|---|---|---|---|
| **탐색으로의 전환** | ☐ | ☐ | |
| ▶ 당신이 좀 더 깊이 알아보아도 좋을지 고객의 양해를 구하면서 전환했는가 | | | |

## 탐색 사전 계획표

고객 : _____     날짜 : _____

방문 목적 : _____

❏ 목적 질문

❏ 현재 상황 질문

❏ 기술적인 질문

❏ 장래 니즈와 사적인 니즈 질문

**2단계**

## 탐색 사후 보고서

고객 : _____  날짜 : _____

방문 목적 : _____

| | 예 | 아니오 | 특이사항/행동 단계 |
|---|---|---|---|
| **목적질문** | ☐ | ☐ | |
| ▶ 목적 질문을 했는가<br>▶ 수긍하고 더 깊이 알아보았는가<br>▶ 다른 목적들을 설정했는가 | | | |
| **현재 상황 질문** | ☐ | ☐ | |
| ▶ 현재의 상황을 탐색했는가<br>▶ 수긍하고 더 깊이 알아보았는가 | | | |
| **기술적인 질문** | ☐ | ☐ | |
| ▶ 목적 질문을 하였는가<br>▶ 수긍하고 더 깊이 알아보았는가 | | | |
| **장래 니즈와 사적인 니즈 질문** | ☐ | ☐ | |
| ▶ 장래의 니즈를 설정했는가<br>▶ 수긍하고 더 깊이 알아보았는가<br>▶ 사적인 동기를 분명하게 정했는가 | | | |

**3단계**

# 유인 사전 계획표

고객 : _____    날짜 : _____

방문 목적 : _____

## ❏ 계획성 있는 소개

▶ 고객의 니즈를 먼저 개괄

▶ 해결책의 핵심 부분 빠짐없이 개괄, 고객의 니즈에 맞는 우선순위 선정

## ❏ 고객 맞춤형 해결책

▶ 고객 맞춤형 해결책 제시

▶ 우선순위에 따른 설명

▶ 고객에 맞추어/고객의 언어를 사용해서/당신 회사는 내부적으로 어떻게 생각하고 있는지

▶ 간결성 유지

## ❏ 요약과 점검

▶ 고객 맞춤형 요약

▶ 점검 질문

# 유인 사후 점검표

3 단계

고객 : _____    날짜 : _____

방문 목적 : _____

|  | 예 | 아니오 | 특이사항/행동 단계 |
|---|---|---|---|

### 인사/소개 ☐ ☐

- 고객의 니즈와 해결책을 연관 지어 말했는가?
- 세부 사항으로 넘어가기 전에 해결책을 구성하는 모든 핵심요소들을 니즈와 연관 지어 소개했는가?
- 고객이 우선시하는 니즈에서부터 시작했는가?

### 고객맞춤형 해결책 ☐ ☐

- 핵심 니즈를 언급했는가?
- 모든 니즈를 통합시켰는가?
- 내가 제시한 해결책이 구체적이면서도 간결했는가?

### 요약과 점검 ☐ ☐

- 고객의 니즈에 맞추어 간결하게 요약했는가?
- 해결책이 고객의 니즈를 얼마나 반영하고 있는지 알아보기 위해 피드백을 점검했는가?
- 설득력 있게 말했는가?

**4단계**

## 해결 사전 계획표

고객 : _____        날짜 : _____

방문 목적 : _____

| 예상되는 반대의사 | 수긍한다 | 명확화를 위한 질문 | 고객맞춤형 답변 | 피드백을 요청하는 질문 |
|---|---|---|---|---|
|  |  |  |  |  |
|  |  |  |  |  |
|  |  |  |  |  |

# 해결 사후 보고서

고객 : _____  날짜 : _____

방문 목적 : _____

|  | 예 | 아니오 | 특이사항/행동 단계 |
|---|---|---|---|
| **수긍/공감 발언** | ☐ | ☐ |  |
| ▶ 반대의사를 수긍했는가?<br>▶ 반대의사가 좀 더 사적이고 심각하거나 감정적인 것이었다면 공감할 수 있었겠는가? |  |  |  |
| **반대의사를 줄여 나가기 위한 질문** | ☐ | ☐ |  |
| ▶ 반대의사를 줄여 나가기 위해 자세히 알아보았는가?<br>▶ 깊숙이 파고들었는가? |  |  |  |
| **고객맞춤형 답변/추천** | ☐ | ☐ |  |
| ▶ 답변을 고객에게 맞추어 구성했는가?<br>▶ 답변 내용 속에 고객이 사용한 말들을 통합시켰는가?<br>▶ 고객을 좀 더 설득하기 위해 성공담을 활용하였는가(선택사항)? |  |  |  |
| **피드백을 위한 점검** | ☐ | ☐ |  |
| ▶ 당신의 답변이 고객의 반대의사에 얼마나 근접했는지 알아보기 위해 고객에게 피드백을 요청했는가?<br>▶ 반대의사를 해소했는가?<br>▶ 다른 반대의사는 없는지 찾아보았는가? |  |  |  |

4단계

# 5단계

## 실행 사전 계획표

고객 : _____  날짜 : _____

방문 목적 : _____

☐ 최종결산 마무리    ☐ 결정 마무리

---

### 고객에게 기대하는 행동 파악(측정 가능한 목적을 정한다)

---

### 점검 질문(대화 중간의 어느 특정 핵심 포인트에서 피드백을 요구할 것인가?)

---

### 계약 체결 요청/다음 단계 확정

긍정적인 마지막 인상을 남긴다.

## 실행 사후 보고서

고객 : _____    날짜 : _____

방문 목적 : _____

|  | 예 | 아니오 | 특이사항/행동 단계 |
|---|---|---|---|
| **측정 가능한 목적을 수립했는가** | ☐ | ☐ | |
| ▶ 일정 계획상 측정 가능한 목적을 수립했는가? | | | |

| | 예 | 아니오 | |
|---|---|---|---|
| **점검 질문**(방문 내내 피드백을 요구한다) | ☐ | ☐ | |
| ▶ 고객의 반응을 이끌어가기 위해서 회의 진행 도중 내내 피드백을 요구했는가? | | | |

| | 예 | 아니오 | |
|---|---|---|---|
| **계약 체결을 요주하거나 다음 단계를 요청한다**(언제나 씨앗을 뿌려둔다) | ☐ | ☐ | |
| ▶ 계약을 체결하자고 요청하거나 구체적으로 다음 단계를 정하자고 제안했는가? | | | |
| ▶ 객관성을 가지고 있었는가? | | | |

| | 예 | 아니오 | |
|---|---|---|---|
| **긍정적인 마지막 인상** | ☐ | ☐ | |
| ▶ 긍정적인 마지막 인상을 남겼는가? | | | |

**1단계**

## 접촉 사전 계획표

고객 : _____     날짜 : _____

방문 목적 : _____

---

❏ **인사/소개**

---

❏ **라포르**

▶ 사적인 라포르

▶ 업무적인 라포르

---

❏ **만남에 관한 간략한 설명/준비 사항 도입**

▶ 판촉 방문을 하게 된 경위 설명

▶ 미리 준비한 사항 도입

---

❏ **이중의 목적과 점검**

▶ 고객의 목적을 파악/업데이트하기 위한 발언

▶ 고객에게 돌아가는 잠재적인 이점

▶ 의견을 조정하기 위한 점검

---

❏ **나 자신 그리고/또는 회사에 대한 신임을 얻는다** (필요한 경우)

---

❏ **탐색과정으로의 전환**

▶ 몇 가지 질문을 해도 좋을지 고객의 양해를 얻는다.

# 접촉 사후 보고서

고객 : _____     날짜 : _____

방문 목적 : _____

|  | 예 | 아니오 | 특이사항/행동 단계 |
|---|---|---|---|
| **인사/소개**<br>▶ 강력한 존재감을 가지고 인사/소개했는가<br>▶ 긍정적인 첫인상을 만들어냈는가 | ☐ | ☐ |  |
| **효과적인 라포르**<br>▶ 사적인 라포르가 형성되었는가<br>▶ 업무적인 라포르가 형성되었는가 | ☐ | ☐ |  |
| **요약/준비사항 도입**<br>▶ 방문하게 된 과정을 요약한 다음 준비한 내용을 소개했는가 | ☐ | ☐ |  |
| **이중의 목적/점검**<br>▶ 더 많은 것을 파악하는 것과 고객이 얻는 혜택에 방문의 초점을 맞춘다는 이중의 목적을 전개했는가 | ☐ | ☐ |  |
| **탐색으로의 전환**<br>▶ 당신이 좀 더 깊이 알아보아도 좋을지 고객의 양해를 구하면서 전환했는가 | ☐ | ☐ |  |

1단

## 탐색 사전 계획표

고객 : _____     날짜 : _____

방문 목적 : _____

☐ 목적 질문

☐ 현재 상황 질문

☐ 기술적인 질문

☐ 장래 니즈와 사적인 니즈 질문

## 탐색 사후 보고서

고객 : _____    날짜 : _____

방문 목적 : _____

|  | 예 | 아니오 | 특이사항/행동 단계 |
|---|---|---|---|
| **목적질문** | ☐ | ☐ | |
| ▶ 목적 질문을 했는가<br>▶ 수긍하고 더 깊이 알아보았는가<br>▶ 다른 목적들을 설정했는가 | | | |

| | 예 | 아니오 | 특이사항/행동 단계 |
|---|---|---|---|
| **현재 상황 질문** | ☐ | ☐ | |
| ▶ 현재의 상황을 탐색했는가<br>▶ 수긍하고 더 깊이 알아보았는가 | | | |

| | 예 | 아니오 | 특이사항/행동 단계 |
|---|---|---|---|
| **기술적인 질문** | ☐ | ☐ | |
| ▶ 목적 질문을 하였는가<br>▶ 수긍하고 더 깊이 알아보았는가 | | | |

| | 예 | 아니오 | 특이사항/행동 단계 |
|---|---|---|---|
| **장래 니즈와 사적인 니즈 질문** | ☐ | ☐ | |
| ▶ 장래의 니즈를 설정했는가<br>▶ 수긍하고 더 깊이 알아보았는가<br>▶ 사적인 동기를 분명하게 정했는가 | | | |

# 유인 사전 계획표

고객 : _____     날짜 : _____

방문 목적 : _____

## ☐ 계획성 있는 소개

▶ 고객의 니즈를 먼저 개괄

▶ 해결책의 핵심 부분 빠짐없이 개괄, 고객의 니즈에 맞는 우선순위 선정

## ☐ 고객 맞춤형 해결책

▶ 고객 맞춤형 해결책 제시

▶ 우선순위에 따른 설명

▶ 고객에 맞추어/고객의 언어를 사용해서/당신 회사는 내부적으로 어떻게 생각하고 있는지

▶ 간결성 유지

## ☐ 요약과 점검

▶ 고객 맞춤형 요약

▶ 점검 질문

3단계

# 유인 사후 점검표

고객 : _____   날짜 : _____

방문 목적 : _____

|  | 예 | 아니오 | 특이사항/행동 단계 |
|---|---|---|---|
| **인사/소개** | ☐ | ☐ |  |
| ▶ 고객의 니즈와 해결책을 연관 지어 말했는가?<br>▶ 세부 사항으로 넘어가기 전에 해결책을 구성하는 모든 핵심요소들을 니즈와 연관 지어 소개했는가?<br>▶ 고객이 우선시하는 니즈에서부터 시작했는가? |  |  |  |
| **고객맞춤형 해결책** | ☐ | ☐ |  |
| ▶ 핵심 니즈를 언급했는가?<br>▶ 모든 니즈를 통합시켰는가?<br>▶ 내가 제시한 해결책이 구체적이면서도 간결했는가? |  |  |  |
| **요약과 점검** | ☐ | ☐ |  |
| ▶ 고객의 니즈에 맞추어 간결하게 요약했는가?<br>▶ 해결책이 고객의 니즈를 얼마나 반영하고 있는지 알아보기 위해 피드백을 점검했는가?<br>▶ 설득력 있게 말했는가? |  |  |  |

## 해결 사전 계획표

고객 : _____     날짜 : _____

방문 목적 : _____

| 예상되는 반대의사 | 수긍한다 | 명확화를 위한 질문 | 고객맞춤형 답변 | 피드백을 요청하는 질문 |
|---|---|---|---|---|
|  |  |  |  |  |
|  |  |  |  |  |
|  |  |  |  |  |

4 단계

# 해결 사후 보고서

고객 : _____   날짜 : _____

방문 목적 : _____

|  | 예 | 아니오 | 특이사항/행동 단계 |
|---|---|---|---|
| **수긍/공감 발언** | ☐ | ☐ | |
| ▶ 반대의사를 수긍했는가?<br>▶ 반대의사가 좀 더 사적이고 심각하거나 감정적인 것이었다면 공감할 수 있었겠는가? | | | |
| **반대의사를 줄여 나가기 위한 질문** | ☐ | ☐ | |
| ▶ 반대의사를 줄여 나가기 위해 자세히 알아보았는가?<br>▶ 깊숙이 파고들었는가? | | | |
| **고객맞춤형 답변/추천** | ☐ | ☐ | |
| ▶ 답변을 고객에게 맞추어 구성했는가?<br>▶ 답변 내용 속에 고객이 사용한 말들을 통합시켰는가?<br>▶ 고객을 좀 더 설득하기 위해 성공담을 활용하였는가(선택사항)? | | | |
| **피드백을 위한 점검** | ☐ | ☐ | |
| ▶ 당신의 답변이 고객의 반대의사에 얼마나 근접했는지 알아보기 위해 고객에게 피드백을 요청했는가?<br>▶ 반대의사를 해소했는가?<br>▶ 다른 반대의사는 없는지 찾아보았는가? | | | |

**5단계**

## 실행 사전 계획표

고객 : _____    날짜 : _____

방문 목적 : _____

☐ 최종결산 마무리      ☐ 결정 마무리

---

**고객에게 기대하는 행동 파악**(측정 가능한 목적을 정한다)

---

**점검 질문**(대화 중간의 어느 특정 핵심 포인트에서 피드백을 요구할 것인가?)

---

**계약 체결 요청/다음 단계 확정**

긍정적인 마지막 인상을 남긴다.

# 실행 사후 보고서

5단계

고객 : _____        날짜 : _____

방문 목적 : _____

| | 예 | 아니오 | 특이사항/행동 단계 |
|---|---|---|---|
| **측정 가능한 목적을 수립했는가** | ☐ | ☐ | |
| ▶ 일정 계획상 측정 가능한 목적을 수립했는가? | | | |

| | 예 | 아니오 | 특이사항/행동 단계 |
|---|---|---|---|
| **점검 질문**(방문 내내 피드백을 요구한다) | ☐ | ☐ | |
| ▶ 고객의 반응을 이끌어가기 위해서 회의 진행 도중 내내 피드백을 요구했는가? | | | |

| | 예 | 아니오 | 특이사항/행동 단계 |
|---|---|---|---|
| **계약 체결을 요주하거나 다음 단계를 요청한다**(언제나 씨앗을 뿌려둔다) | ☐ | ☐ | |
| ▶ 계약을 체결하자고 요청하거나 구체적으로 다음 단계를 정하자고 제안했는가? | | | |
| ▶ 객관성을 가지고 있었는가? | | | |

| | 예 | 아니오 | 특이사항/행동 단계 |
|---|---|---|---|
| **긍정적인 마지막 인상** | ☐ | ☐ | |
| ▶ 긍정적인 마지막 인상을 남겼는가? | | | |

**1단계**

## 접촉 사전 계획표

고객 : _____          날짜 : _____

방문 목적 : _____

---

❏ **인사/소개**


❏ **라포르**

▸ 사적인 라포르


▸ 업무적인 라포르


❏ **만남에 관한 간략한 설명/준비 사항 도입**

▸ 판촉 방문을 하게 된 경위 설명


▸ 미리 준비한 사항 도입


❏ **이중의 목적과 점검**

▸ 고객의 목적을 파악/업데이트하기 위한 발언


▸ 고객에게 돌아가는 잠재적인 이점


▸ 의견을 조정하기 위한 점검


❏ **나 자신 그리고/또는 회사에 대한 신임을 얻는다**(필요한 경우)


❏ **탐색과정으로의 전환**

▸ 몇 가지 질문을 해도 좋을지 고객의 양해를 얻는다.

**1단계**

## 접촉 사후 보고서

고객 : _____    날짜 : _____

방문 목적 : _____

| | 예 | 아니오 | 특이사항/행동 단계 |
|---|---|---|---|
| **인사/소개** | ☐ | ☐ | |
| ▶ 강력한 존재감을 가지고 인사/소개했는가 | | | |
| ▶ 긍정적인 첫인상을 만들어냈는가 | | | |
| **효과적인 라포르** | ☐ | ☐ | |
| ▶ 사적인 라포르가 형성되었는가 | | | |
| ▶ 업무적인 라포르가 형성되었는가 | | | |
| **요약/준비사항 도입** | ☐ | ☐ | |
| ▶ 방문하게 된 과정을 요약한 다음 준비한 내용을 소개했는가 | | | |
| **이중의 목적/점검** | ☐ | ☐ | |
| ▶ 더 많은 것을 파악하는 것과 고객이 얻는 혜택에 방문의 초점을 맞춘다는 이중의 목적을 전개했는가 | | | |
| **탐색으로의 전환** | ☐ | ☐ | |
| ▶ 당신이 좀 더 깊이 알아보아도 좋을지 고객의 양해를 구하면서 전환했는가 | | | |

# 탐색 사전 계획표

고객 : _____   날짜 : _____

방문 목적 : _____

☐ 목적 질문

☐ 현재 상황 질문

☐ 기술적인 질문

☐ 장래 니즈와 사적인 니즈 질문

# 탐색 사후 보고서

고객 : _____  날짜 : _____

방문 목적 : _____

|  | 예 | 아니오 | 특이사항/행동 단계 |
|---|---|---|---|
| **목적질문**<br>▶ 목적 질문을 했는가<br>▶ 수긍하고 더 깊이 알아보았는가<br>▶ 다른 목적들을 설정했는가 | ☐ | ☐ | |
| **현재 상황 질문**<br>▶ 현재의 상황을 탐색했는가<br>▶ 수긍하고 더 깊이 알아보았는가 | ☐ | ☐ | |
| **기술적인 질문**<br>▶ 목적 질문을 하였는가<br>▶ 수긍하고 더 깊이 알아보았는가 | ☐ | ☐ | |
| **장래 니즈와 사적인 니즈 질문**<br>▶ 장래의 니즈를 설정했는가<br>▶ 수긍하고 더 깊이 알아보았는가<br>▶ 사적인 동기를 분명하게 정했는가 | ☐ | ☐ | |

2단계

# 유인 사전 계획표

고객 : _____      날짜 : _____

방문 목적 : _____

---

❏ **계획성 있는 소개**

▶ 고객의 니즈를 먼저 개괄




▶ 해결책의 핵심 부분 빠짐없이 개괄, 고객의 니즈에 맞는 우선순위 선정



❏ **고객 맞춤형 해결책**

▶ 고객 맞춤형 해결책 제시



▶ 우선순위에 따른 설명


▶ 고객에 맞추어/고객의 언어를 사용해서/당신 회사는 내부적으로 어떻게 생각
   하고 있는지




▶ 간결성 유지


❏ **요약과 점검**

▶ 고객 맞춤형 요약


▶ 점검 질문

# 유인 사후 점검표

3단계

고객 : _____   날짜 : _____

방문 목적 : _____

|  | 예 | 아니오 | 특이사항/행동 단계 |
|---|---|---|---|
| **인사/소개** | ☐ | ☐ |  |
| ▶ 고객의 니즈와 해결책을 연관 지어 말했는가?<br>▶ 세부 사항으로 넘어가기 전에 해결책을 구성하는 모든 핵심요소들을 니즈와 연관 지어 소개했는가?<br>▶ 고객이 우선시하는 니즈에서부터 시작했는가? |  |  |  |
| **고객맞춤형 해결책** | ☐ | ☐ |  |
| ▶ 핵심 니즈를 언급했는가?<br>▶ 모든 니즈를 통합시켰는가?<br>▶ 내가 제시한 해결책이 구체적이면서도 간결했는가? |  |  |  |
| **요약과 점검** | ☐ | ☐ |  |
| ▶ 고객의 니즈에 맞추어 간결하게 요약했는가?<br>▶ 해결책이 고객의 니즈를 얼마나 반영하고 있는지 알아보기 위해 피드백을 점검했는가?<br>▶ 설득력 있게 말했는가? |  |  |  |

**4단계**

## 해결 사전 계획표

고객 : _____          날짜 : _____

방문 목적 : _____

| 예상되는 반대의사 | 수긍한다 | 명확화를 위한 질문 | 고객맞춤형 답변 | 피드백을 요청하는 질문 |
|---|---|---|---|---|
|  |  |  |  |  |
|  |  |  |  |  |
|  |  |  |  |  |

**4단계**

## 해결 사후 보고서

고객 : _____    날짜 : _____

방문 목적 : _____

|  | 예 | 아니오 | 특이사항/행동 단계 |
|---|---|---|---|
| **수긍/공감 발언** | ☐ | ☐ |  |
| ▶ 반대의사를 수긍했는가? <br> ▶ 반대의사가 좀 더 사적이고 심각하거나 감정적인 것이었다면 공감할 수 있었겠는가? |  |  |  |
| **반대의사를 줄여 나가기 위한 질문** | ☐ | ☐ |  |
| ▶ 반대의사를 줄여 나가기 위해 자세히 알아보았는가? <br> ▶ 깊숙이 파고들었는가? |  |  |  |
| **고객맞춤형 답변/추천** | ☐ | ☐ |  |
| ▶ 답변을 고객에게 맞추어 구성했는가? <br> ▶ 답변 내용 속에 고객이 사용한 말들을 통합시켰는가? <br> ▶ 고객을 좀 더 설득하기 위해 성공담을 활용하였는가(선택사항)? |  |  |  |
| **피드백을 위한 점검** | ☐ | ☐ |  |
| ▶ 당신의 답변이 고객의 반대의사에 얼마나 근접했는지 알아보기 위해 고객에게 피드백을 요청했는가? <br> ▶ 반대의사를 해소했는가? <br> ▶ 다른 반대의사는 없는지 찾아보았는가? |  |  |  |

**5단계**

## 실행 사전 계획표

고객 : _____     날짜 : _____

방문 목적 : _____

☐ 최종결산 마무리    ☐ 결정 마무리

---

**고객에게 기대하는 행동 파악**(측정 가능한 목적을 정한다)

---

**점검 질문**(대화 중간의 어느 특정 핵심 포인트에서 피드백을 요구할 것인가?)

---

**계약 체결 요청/다음 단계 확정**

긍정적인 마지막 인상을 남긴다.

5단계

## 실행 사후 보고서

고객 : _____    날짜 : _____

방문 목적 : _____

| | 예 | 아니오 | 특이사항/행동 단계 |
|---|---|---|---|
| **측정 가능한 목적을 수립했는가** | ☐ | ☐ | |
| ▶ 일정 계획상 측정 가능한 목적을 수립했는가? | | | |

| | 예 | 아니오 | 특이사항/행동 단계 |
|---|---|---|---|
| **점검 질문**(방문 내내 피드백을 요구한다) | ☐ | ☐ | |
| ▶ 고객의 반응을 이끌어가기 위해서 회의 진행 도중 내내 피드백을 요구했는가? | | | |

| | 예 | 아니오 | 특이사항/행동 단계 |
|---|---|---|---|
| **계약 체결을 요주하거나 다음 단계를 요청한다**(언제나 씨앗을 뿌려둔다) | ☐ | ☐ | |
| ▶ 계약을 체결하자고 요청하거나 구체적으로 다음 단계를 정하자고 제안했는가? | | | |
| ▶ 객관성을 가지고 있었는가? | | | |

| | 예 | 아니오 | 특이사항/행동 단계 |
|---|---|---|---|
| **긍정적인 마지막 인상** | ☐ | ☐ | |
| ▶ 긍정적인 마지막 인상을 남겼는가? | | | |